"上火"的凉茶

解密加多宝和王老吉的营销之战

陈玮◎著

ZHEJIANG UNIVERSITY PRESS
浙江大学出版社

中国不能缺少我们

十多年前，我有幸成为加多宝营销部门的第 10 号员工，那时的营销部包括了今日的市场推广部、品牌部、销售部。今天，我们当年那些志同道合的伙伴在青春逝去的同时，也灿烂于加多宝成功的光芒。毕竟，我们的青春里留下了它的印迹，它的辉煌与成长也有我们的汗水。

加多宝的诞生、成长到做大，也是中国饮料行业 30 年的缩影。陈生（加多宝内部对创始人陈鸿道的尊称）算得上是改革开放之后中国第一代饮料创业人。在今天我们耳熟能详的第一代创业者名字中，有娃哈哈的宗庆后、乐百氏的何伯权、已经离去的健力宝的李经纬等前辈，但陈鸿道的名字却低调得鲜有人知。

这种隐忍和低调,也多少左右了加多宝大器晚成的成长路径,但无疑,它是有力量的。

没有哪个企业在老板不在的情况下,10年里可以成长100倍;也没有哪个饮料企业,品牌换了,不但没有没落,销售额反而还能持续增长超过100%。

光是这两项纪录,已经足以彪炳中国饮料历史,也实现了陈生在十几年前的豪言:"让中国饮料行业开会不能缺少我们!"

今天,大家能看到许多关于加多宝成功的营销文章,甚至还有相关书籍。但在我看来,没有任何一家策划公司或者某一篇文章,能真正揭示加多宝成长的规律。

加多宝的成功,不只是巨额广告的投放,不只是品牌定位,更不只是渠道做得好。

本书作者是我所认识和合作过的朋友当中,研究加多宝时间最长、最深入的。他不同于以往众多作者对加多宝营销盲人摸象般的描述,而是比较全面、系统地揭示了加多宝营销成功的几大核心要素,特别是其独创性地提出了"阵地战"、"运动战"、"游击战"等三大营销作战理论。

营销战理论系统的提出与阐释,将在以后更有效地帮助国内中小企业提升绩效,避免人、财、物等营销资源的浪费,建立中小企业自己的营销作战方式与盈利模式。

当2012年品牌从王老吉转换为加多宝时,加多宝的一系列营销战,看得业内人眼花缭乱。品牌专家、策划专家、广告专家、法律专家、各类媒体,开始又一轮的盲人摸象,大家也又一次把注意力聚焦到凉茶业。

还是那个被问了无数次的问题:加多宝、广药王老吉到底谁能赢?

还是那个肯定的回答:也许他们两家都赢了!但可能中国饮料行业输了,中国民族品牌走向世界的努力白费了。

中国饮料行业自改革开放开始，就保持着持续高速增长，但真正属于中国传统文化的饮料品类和品牌并没有真正成为行业主流，而成为世界主流品类与品牌更是我们毕生追求的理想。

曾几何时，我们疾呼，中国品牌何时能够走向世界？从可口可乐身上我们看到了"美国文化"席卷全球上百年；未来，中国饮料能否伴随着"中国文化"润泽天下数百载？

加多宝会是那个领航者吗？

或许，您在本书中可以找到一些答案。

曲宗恺

加多宝元老，多宝营销咨询公司创始人

不同于定位的观点

营销理论若非根植于营销实战,将会变得教条而令人混乱。

缺乏实战检验的营销理论对于企业而言,是非常危险而有害的,这正是中国当前大多数企业家感到焦虑的根源之一。

把某些企业营销的成功经验放大,并上升成为营销理论,本质上也并无问题。

然而这种经验若是不能多次复制,甚至被人为夸大和神化,那么这种经验总结出的理论,反而极具毁灭性。

中国本土营销的下一步发展方向,是要打破教条主义的束缚,这才是企业的当务之急。

本人也是定位理论的忠实粉丝,曾在多家企业从事过品牌管理与营销策划的实战，也在高校研究过品牌管理的理论与案例，自然深知品牌定位的重要性。

　　但是，我们不能被定位论所束缚，不能把定位论神化，更不能在思想和行动上成为它的奴隶。

　　打破教条主义，由本书始之！

陈　玮

目　录
CONTENTS

第一篇

崛起：解密加多宝与王老吉的发展

第三篇

江湖:解密不平静的凉茶业现状

第四篇

群雄：解密红罐凉茶的竞争对手

第五篇

决战：解密中国凉茶业的未来发展

崛起：解密加多宝与王老吉的发展

凡战者，以正合，以奇胜。故善出奇者，无穷如天地，不竭如江海。

——《孙子兵法·势篇》

解密加多宝与王老吉的营销史

就我所知,不少从事营销的人员很少花时间去研究本行业的营销史,他们总是疲于应付眼前繁杂的事项,只想着如何完成这个阶段的任务,让自己的产品和营销策略跟得上潮流与时尚,让眼前的方案能获得领导的认可,从而保住自身在职场中的头衔。

然而,如果想要掌握一个行业的营销规律,那么研究该行业的营销史显然是必不可少的,更应该研究行业中最优秀企业和最著名品牌的营销史。

放眼凉茶行业乃至中国整个饮料行业,在很长一段时间里,加多宝和红罐王老吉的成功被人反复称道,人们对其每一步营销的英明抉择和长远目光都赞叹不已。然而,事实是否真的如此理想?

加多宝艰难创业

在加多宝内部,人们习惯称呼董事长陈鸿道为"陈生",这是广东话里对男士的敬称。陈生出生于广东省东莞市长安镇锦夏村,而他和饮料的缘分也始于这个地方。受当时香港经商理念的影响,陈鸿道很早就开始在自己的家乡长安镇开设饮料批发部,代理亚洲知名饮料品牌"杨协成"。

据加多宝老员工回忆,陈鸿道早年还曾经加入过新加坡杨协成集团,成为其在中国最早的一批员工。"杨协成"是华人界的百年品牌,最早发家于福建,后来杨氏家族迁移去了新加坡,并在那里发展壮大,最终成为当今东南亚最大的食品饮料企业。百事可乐在东南亚很多国家的产品也都是由杨协成代工和销售的。

当年,杨协成是很多饮料品类的隐形冠军,其进军大陆饮料业的时间比康师傅、统一都还要早,并且一开始就注重在电视上打品牌广告,在质量上严格把关,讲究真材实料。也许,陈鸿道的品牌意识和质量观念就是从杨协成时开始形成的。而这种对品牌概念的执着,也能从一个侧面解释:为什么当初陈鸿道宁可租赁经营,也要拿下"王老吉"这个知名品牌。

1992年,邓小平南方谈话之后,广东的经济也随之迎来了发展的高峰,市场一片沸腾,华为、联想、小护士、步步高、太阳神、巨人、万科……广东崛起了一批全国知名品牌,这些都深深鼓舞着青年时期的陈鸿道。邓小平的南方谈话,也被认为是改革开放和中国经济发展的一个历史性转折点,当年国民生产总值增长12%,工业增长20%,全社会固定资产投资增长36%,很多人从中嗅到了巨大的商机。

与此同时,外资也纷纷进入中国,大量并购国内企业或租赁本土品牌。印尼第二大财团——金光集团董事长黄奕聪的次子黄鸿年,通过旗下的香港中策集团,从当年4月到第二年6月共收购了196家企业。泰国华裔首富正大家族的四公子谢国民,则来到了杭州青春宝药业公司,开始了品牌并购谈判。当时,青春宝是华东地区最赚钱、也是品牌知名度最高的药品。

借此东风,不久之后,陈鸿道从广州羊城药业(广药集团的前身)手中租赁了"王老吉"这一商标,经过前前后后的补充协议,达成了二十多年使用权的合同。然而很少有人知道,陈鸿道最早经营的并非王老吉凉茶,而是另一个产品。

经过前期参与食品饮料贸易,在积累一定资本之后,陈鸿道收购了东莞罐头厂,并改名为鸿达食品饮料有限公司,开始了其最早的自创品牌——鸿道八宝粥的生产。然而世事并不是一帆风顺,八宝粥的销售状况一般,鼎盛时期也只有几千万的销售额,加上当时诸多低价八宝粥的竞争,销售日益艰难,利润越发微薄。

深知自创品牌艰难的陈鸿道开始下定决心经营"王老吉"凉茶。1995年,第一罐红罐王老吉终于正式面市。

王老吉百年沉浮

其实,在1995年,王老吉品牌的名气远没有如今这样如日中天,其当时在海外市场的名气还远远大过本土市场。

王老吉凉茶的创始者原名王泽邦,号吉,人称吉叔,是清朝道光年间人士,籍贯广东鹤山,原本以务农为生。有一年,广州城疫病蔓延,王泽邦携妻儿上山避疫。极具传奇色彩的是,王泽邦在此途中巧遇一位道士,并传授他一剂凉茶药方,其上罗列了十多种药材的名称,并宣称此方可包治百病。

王泽邦拿着药方去药铺抓药,老板却说有几味没货。于是,王泽邦不惜变卖家产,辗转至广西等地采购药材。其间经历了迷路、断粮等种种艰辛,才终于找到了所缺的药材。

王泽邦依照药方配药煮茶,煲出的凉茶甘冽可口,非常好喝。王泽邦将之免费派发给患病的人服用(这也许是饮料业最早的免费赠饮促销),病人喝后果然药到病除。于是，王泽邦与妻子索性不再务农，将此独门凉茶命名为"吉叔凉茶"，每天清早煲凉茶推车出城售卖。由于药方的效果不错，"吉叔凉茶"可以治病的消息很快流传开来，吉叔的大名也就传遍了岭南。"吉叔凉茶"声名之隆，一度惊动了朝廷。

1852年，即清文宗咸丰二年，王泽邦被召进紫禁城，专门为皇家和文武百官煲制凉茶，以预防时疫蔓延。半年后，时疫威胁解除，咸丰皇帝赐封他为太医院院令，赏白银500两，并由内务府总管大臣亲自护送返乡。

吉叔衣锦还乡，获得了可观的财富，却并未因此而放弃对凉茶的研究与经营，而是抓住机会，凭借太医院院令的封衔，做大凉茶生意。他在广州城中靖远街开设了一间凉茶铺，命名为"王老吉"——这就是王老吉凉茶名字的由来。

王老吉凉茶配方合乎药理，价钱公道，因而远近闻名。其凉茶不仅畅销两广，湖南、湖北、江西、上海甚至北京也有销售，更随着不少赴东南亚等地谋生的广东人而传入了东南亚各国乃至美国。

晚清年间，不少中国人被人贩子"卖猪仔"掳往旧金山或南洋做苦役。那时出洋劳工多，王老吉推出袋装凉茶后，大受欢迎，许多出洋华人唯恐水土不服，临行前，均携带王老吉茶包以备不时之需，因而王老吉凉茶能够借此而行销于新大陆。王老吉凉茶也因此而在美洲扎下了根，直到今天，一些海外游子路经香港，仍不忘捎上一些王老吉凉茶馈赠亲朋好友。

1883年，王泽邦辞世。王氏三兄弟为了纪念父亲，也为经营方便，设计了王老吉商标并进行推广。三人为避免利益上的冲突，王家所有资产亦平分为三份，三人分工发展，松散结合。总的来说，王老吉第二代经营者们虽然生意做得平平，但他们发明了用纸袋包装凉茶料出售，实现了凉茶生产的工业化运作，使王老吉凉茶能风行海外，不仅为王老吉凉茶的百年基业奠定了基石，还为传播凉茶文化作出了很大的贡献。

1903年，梁启超赴美洲游历，期间考察美国政治社会情况所著的《新大陆游记》中记载道："所谓'王老吉凉茶'者，在广东每贴铜钱二文，售诸西人，或五元十元美金不等云，他可类推。"时至今日，中国的本土品牌，在对外出口的品牌溢价上，都很少有比得过当年的王老吉的。

王老吉的第三代经营者造就了王老吉最辉煌的时代，特别是外销生意更是首屈一指，遍及英、美、荷兰和南洋各埠。其间，第三代传人于香港设店，又在澳门开设分店，并将王老吉"杭线葫芦"的商标注册，成为第一个注册的华商商标。之后数年间，王老吉凉茶还被邀请前往英国伦敦参加中国产品展览会，展出凉茶包，使外销生意更上一层楼。

可惜的是，广州在抗战中沦陷，王老吉凉茶货栈全部被焚毁。其后日军侵占香港，令香港进入黑暗时期，王老吉也受战乱的影响，外销贸易陷于停顿。直至抗战胜利后，王老吉才在广州市海珠中路恢复生产，同时也在香港恢复外销。

新中国成立后，王老吉凉茶铺分成两支：一支完成公有化改造，发展为今天广药集团旗下的王老吉药业股份有限公司，生产王老吉凉茶颗粒；另一支则由王氏家族的后人带到香港。1951年，王家后人还在澳门设立了王老吉分店。

1956年，广州将八间历史悠久的中药厂合并，以固定资产和员工数目最多的王老吉命名，称为王老吉联合制药厂，在"文革"期间改名为广州中药九厂。改革开放后，广州中药九厂又更名为"广州羊城药厂"，也就是今天广药集团的前身。在将红罐王老吉的商标使用权租给陈鸿道之后，广药集团自身则保留了绿色利乐包装凉茶的商标使用权，也就是绿盒王老吉，还保留了袋装凉茶颗粒的相关使用权。

无疑，王老吉这一品牌是在经历了岁月的沧桑和无数次的沉浮之后，才成为了著名的老字号，才被人尊为凉茶的始祖。不管是在东南亚还是在欧美华人聚居地区，一提到王老吉，几乎无人不知。

然而，王老吉品牌与加多宝公司的这一次联姻，则成为王老吉品牌发展史上的一个重要分水岭。至此，王老吉品牌开始了其更为传奇的营销征程，而加多宝公司也凭借着经营王老吉品牌的成功，一举成为中国饮料业最具营销战斗力的企业之一。

风雨同舟，打造根据地市场

1995 年，一拿到品牌租赁权，陈鸿道就在自己的家乡东莞市长安镇锦夏村，开始了加多宝第一个工厂的建设。直到今天，加多宝已经在全国设立了 8 个自建工厂，其中浙江 2 个、广东 2 个、福建 1 个、北京 1 个、四川 1 个、湖北 1 个。

初生牛犊不畏虎。在 1995 年，刚上市的王老吉凉茶也曾吹起进军全国的号角，在所有省会城市都有布局，然而因为根基薄弱，打不开市场，在很短时间内就退出了国内大部分市场，仅剩下广州、温州和成都等几个零星的城市，现在加多宝在成都的经销商就是那时留下的。

当年的陈鸿道，犯了几个营销作战原则上的失误，其失败自然在所难免。即使是在今天，对于想进入凉茶或者饮料江湖的企业家，也应该尽量从局部样板市场试点开始，先建立游击根据地，尽量避免高举高打、全国扩张、全渠道铺货的阵地战。

收缩回大本营的陈鸿道和加多宝公司开始了最艰难的一段岁月。

广东是凉茶发源地，也是典型的即饮型市场，当年很少有人拿凉茶当礼品送人，所以产品要想存活，就要以铺货的深度和广度取胜。在当时物流不发达的时候，车销就成为了最有效的手段。

陈毅曾说过:"淮海战役的胜利是人民用小推车推出来的。"无独有偶,王老吉最早在大本营东莞能够立足,也是靠一辆小四轮货车。如果当时的东莞经销商虎门恒益的谢展鹏没有把手中唯一的一辆小货车配给王老吉,那么这个今日的饮料巨无霸可能真会被扼杀在摇篮里。

一周三天车销,剩余时间用电动三轮车穿插送货,谢展鹏用当时最"先进"的配送手段帮助加多宝度过了最危险的游击战时期,加多宝从此逐步开始建立起了自己的游击根据地。

从1996—2002年的六七年时间里,王老吉大部分的精力放在了广东的东莞、深圳以及浙南的温州、台州、丽水等几个根据地市场的经营。尤其是从1996年起,在温州存活下来的王老吉开始逐渐起量,引起了加多宝的高度关注。经过市场调研评估,他们发现红罐王老吉有着天然适合温州的各种属性,而这纯属大浪淘沙后的意外收获。看到机会的加多宝迅速调整营销战略,开始对温州市场进行重点突破。

加多宝在温州,没有重复之前全国扩张和阵地战营销模式的失败,而是以餐饮渠道为突破口,并将其成功打造为根据地,找到了一条游击战的营销模式。

市场不负有心人。2001年以温州为核心的浙南等市场的销售额突破亿元大关,成为了红罐王老吉第一个销售过亿的游击根据地市场。

塞翁失马,茶饮料的失败

胜利会让人丧失理智,温州市场的意外成功让加多宝公司开始有点飘飘然了,在很长一段时间里,他们都没有正视温州市场成功是有着自身独特性的,也没有找到一套适合全国市场的营销战略。

此时,加多宝开始向茶饮料领域扩张。然而,加多宝的扩张方法并不是扩展现有的市场网络渠道与销售区域,也不是丰富红罐王老吉的产品线,而是推出了自有品牌的"加多宝"茶饮料!这其中有一大部分原因在于王老吉毕竟是"别人的儿子",加多宝迫切希望推出自己的品牌。

从营销的战略角度分析,当时的加多宝其实更应该趁胜推出瓶装的凉茶,另起一个不同于王老吉的品牌名称。

1999年左右,急于求成的加多宝陆续推出包括红茶、绿茶、乌龙茶在内的多款名为"加多宝"的茶饮料,在华南开始和康师傅、统一这样的饮料巨头正面交锋。客观地讲,加多宝茶饮料也曾一度辉煌过,在2002年的东莞、深圳两地达到顶峰,销售额直逼华南茶饮料第一品牌的康师傅。2002年的广州,消费者在很多小店都能见到加多宝的茶饮料,当时很多人都觉得奇怪,这是何方神圣,敢挑战康师傅、统一、娃哈哈三大茶饮料巨头?

然而到了2003年,由于受"非典"影响,功能饮料销量开始上扬,作为概念饮品的茶饮料销量下跌。加多宝旗下的冰红茶、绿茶的销量更是下跌惨重,旺季销量也不到10万箱/月。再加上"再来一瓶"高中奖率的拖累,彻底拖垮了加多宝茶饮料。

2003年下半年,从诉求"从来佳茗似佳人"到"喝出真茶味"的加多宝茶饮料开始逐渐淡出市场。加多宝及时撤退,总好过整支军队都在一块守不住的阵地上一起阵亡。从当时的市场状况来看,拼命撑下去,只是增加每年的亏损额而已,甚至会拖累整个集团,有全军覆没的危险。

祸不单行，广药李益民的受贿案

福无双至,祸不单行。

2004—2005年,广药总经理兼副董事长的李益民受贿案逐渐浮出水面,加多宝上下噤若寒蝉。1970 年就加入广药的李益民可说是广药集团的"元老",从一名普通员工一步步成长到广药集团副董事长、总经理,是他多年来积极努力、艰苦奋斗的结果。在上级领导和群众的心目中,李益民曾是位事业心强、肯吃苦、有魄力的能人,在广药集团的发展史上,他也曾倾注了满腔的热情,为集团的发展作出了自己的贡献。

据李益民说,陈鸿道信佛,他们经常交流些处世做人的道理,两人甚为投缘。

2000 年 9 月,李益民在澳洲留学的女儿被游乐场大型游戏机砸伤,就在他赴澳洲探望女儿返程途经香港时,他约见了陈鸿道。此后,在 2001 年8 月、2002 年 8 月、2003 年 6 月,李益民在香港的个人账户上接二连三地出现了陈鸿道所给的三笔港币,每笔 100 万元,共计 300 万元。

李益民言下之意,也就是认为"在家庭遭到不幸时,陈鸿道以重金相送",是他们之间友谊的结果。

而陈鸿道在证词中所述则略有不同。早在 20 世纪 90 年代,加多宝公司就租用"王老吉"商标,到 2003 年商标使用权就到期了,陈要求广药集团把商标使用权加签 10 年。恰好在这个时候,李益民却以女儿出事为由向他索要 300 万元港币,陈鸿道当时虽然觉得有些为难,但考虑到和广药集团有业务往来,担心不满足他的要求会影响公司业务,只好分三次打钱给他。

虽然李益民辩称自己从来没有主动向加多宝集团要一分钱,但香港渣打银行李益民账户上的进账款却是千真万确的。而且李益民也并没有将这300 万元港币全部汇给澳洲的女儿,而是部分留在账户上,并委托香港的理财顾问进行投资理财。同时,李益民还收受了其他人数十万的贿款,这其中有某药用包装厂和某包工头的"孝敬"款。

至此,究竟是"主动要的"还是"主动给的"已并不重要了,法律已经作出了相应的判决。

2002 年 11 月,加多宝与广药双方签署了第一份补充协议,将商标续展期限延长至 2013 年。2003 年 6 月,加多宝与广药签署了第二份补充协议,约定将王老吉商标租期延长至 2020 年。但随着李益民受贿案东窗事发,对这两份协议也有了争议,这也为后来广药提前收回王老吉品牌埋下了伏笔。

不过,广药为何不在当年案发的第一时间就提出收回品牌,而偏偏选择在王老吉成为中华第一品牌、年营业额过百亿之时才提出呢?此外,再加上有重组白云山的利好,在两大利好消息的刺激下,广药的股价从几元涨到几十元。这难免引人遐想。

李益民案发后,两大棘手问题摆在了加多宝面前:第一,如何吸取茶饮料失败后留下的经验教训?第二,如何应对外部的公关危机?

内忧和外患迫使加多宝不得不规范企业经营模式,据原加多宝内部员工回忆,从 2004 年开始,公司所有业务流程突然变得十分严格,以财务报销为例,半年内就连连号的出租车票都会被查出。而时至今日,在加多宝内部被广泛使用的"三权分立"的管理体系,也是从那时开始被逐渐确立的。

茶饮料的失败却成就了红罐王老吉日后的火爆。这一方面这坚定了加多宝单品突围的决心,另一方面也为红罐王老吉推向全国提供了宝贵的经验。失败让企业认识到必须尽快找到一个适合全国的品牌定位和市场营销模式。就是在这一时期,加多宝提炼出了"预防上火"的品牌定位概念,并逐渐完善了一套适合全国的市场营销策略。

稳步发展,成为中华第一罐

在茶饮料失败撤退及李益民案发以后,加多宝公司从此专注于红罐王老吉的推广,反而进入了一个快速发展期。也许,这就是大家常说的一心不能二用,企业经营要聚焦的道理。

2005 年,红罐王老吉整体销售突破 10 个亿。从 2005 年开始,其他领域的企业越来越多地进入凉茶行业,想从加多宝手中夺走部分蛋糕,其中不乏有实力的集团支撑,如:白云山、潘高寿、陈李济、念慈庵、上清饮、邓老凉茶,甚至包括可口可乐的健康工坊、百事可乐的草本乐凉茶,可是最后一个个都成为加多宝的手下败将。

广药的绿盒王老吉趁机推出新广告"王老吉,还有盒装",并大量借用红罐王老吉的表现元素,以便更好地与红罐王老吉产生关联,易于消费者记忆,从而刺激购买和销量提升。很快,两三年后,纸盒王老吉也突破了 10 亿元销量大关。

2007 年,红罐王老吉销量突破 50 亿大关。

2008 年,汶川地震捐款和北京奥运会让加多宝从一个区域强势品牌开始彻底蜕变为名副其实的全国品牌,无论是产品知名度还是好感度,都得到了空前提升。也正是从这一年开始,红罐王老吉成为无可争议的中华第一罐。这一年在北京的成功营销,则标志着加多宝开始学会打营销阵地战。

2009 年,加多宝公司开始涉足高端水领域,"昆仑山"高端水品牌面世。然而世事不总是一帆风顺,表面风光无限的加多宝在这一年也开始浮现危机,多年积累的内部矛盾开始逐渐爆发。而在外部,防守和其正的失败让加多宝彻底丧失了 PET 瓶装凉茶市场的主动权。

反目成仇,兄弟阋墙

在整个 2011 年,被动进入 PET 瓶装市场的加多宝处境尴尬,如果坚守500 毫升 PET 瓶装量价比不能低于 310 毫升铁罐装的准则,那么加多宝的

PET 装在价位上就无法与和其正竞争。

除此之外，加多宝最大的危机还是王老吉商标的租赁期限问题，而且这危机还提前到来了。

2010 年 8 月 30 日，广药集团向鸿道集团发出律师函，申诉李益民签署的两个补充协议无效。同年 11 月，广药启动王老吉商标评估程序，而彼时王老吉品牌价值已被评估为 1080.15 亿元，成为了中国第一品牌。

2011 年 4 月，广药向贸易仲裁机构提出仲裁请求，并提供相应资料；约一个月后，王老吉商标案立案，确定于当年 9 月底开庭，后因鸿道集团一直未应诉，开庭时间推迟至 2011 年 12 月 29 日，但当日仲裁并未出结果。

2012 年 1 月，加多宝与广药关于"王老吉"商标的租赁时间期限，开始了一轮轮的法律和媒体大战。之后双方补充所有材料，准备在 2 月 10 日仲裁；但仲裁机构考虑到王老吉商标价值，建议双方调解，并将仲裁时间再延期 3 个月，至 5 月 10 日。但因加多宝公司提出的调解条件是以补充合同有效为前提，广药无法接受，调解失败。

2012 年 5 月 11 日，广药集团收到中国国际经济贸易仲裁委员会日期为 2012 年 5 月 9 日的裁决书，裁决结果为：广药集团与加多宝母公司鸿道集团签订的《"王老吉"商标许可补充协议》和《关于"王老吉"商标使用许可合同的补充协议》无效，鸿道集团停止使用"王老吉"商标。

2012 年，加多宝和广药之间的商标争夺战、渠道战、广告战贯穿了全年，并成为媒体和老百姓的热点话题。广药最后如愿提前收回王老吉的品牌使用权，而加多宝则推出了自主品牌的"加多宝"凉茶，并借《中国好声音》节目一炮而红。直至年底，凉茶大战的第一阶段暂时落下了帷幕，而双方却都在为来年的厮杀养精蓄锐。

加多宝成为了 2012"世界末日"年中最成功的失败者，在风风雨雨中继续稳步前行。

2013 年 3 月,法院宣判加多宝的广告涉及广药的品牌权益,令其更改。同年 5 月,双方又为红罐凉茶的包装权而诉诸法庭。或许是因为加多宝和广药王老吉两大巨头在前一年给经销商和终端压了太多货,整个 2013 年上半年,双方在很多零售终端货架上的红罐凉茶新鲜度都比之前有所下降,甚至很多地方还是去年的旧货。而加多宝给经销商的任务则从增长变为不低于上一年度。

本是同根生,相煎何太急!

《孙子兵法·谋攻篇》云:"故善用兵者,屈人之兵而非战也,拔人之城而非攻也,毁人之国而非久也,必以全争于天下,故兵不顿而利可全,此谋攻之法也。"加多宝与广药自相残杀的结果,很有可能是两败俱伤,早日和解,或者划清楚河汉界,也许才是最好的办法。

广药本来有很多方法可以争取自身利益的最大化,如:参股加多宝、双方共建一个合资公司、大幅提高品牌租赁费用等。但广药偏偏选择了一个双输的局面,为自己树立了一个强大的竞争对手。即便是中国首富、本土饮料第一巨头娃哈哈的创始人宗庆后,都对加多宝敬而远之,不愿与之正面交锋。

王老吉虽然贵为凉茶始祖,但在新中国成立后几十年的发展却明显有所迟滞。很明显,在加多宝公司租赁王老吉品牌后的近二十年时间里,王老吉的品牌知名度得到了大幅度的提升,远超广药旗下的潘高寿、陈李济等其他老字号。

当年 3~3.5 元一罐的王老吉,在销量上能超过 2~2.5 元一罐的可口可乐,绝对不是很多策划公司宣传的品牌定位制胜这么简单。品牌定位虽然是非常重要的关键因素,但绝不是唯一因素;王老吉的成功还是要归功于加多宝的营销作战能力,以及善于选择合理的营销作战方式。

而这些营销战的具体案例,将在本书后续章节陆续解密。

第 2 章

加多宝的第一场大败仗

无论是在战场上还是在商场上，都没有百战百胜的常胜将军。

现在业界几乎把王老吉和加多宝捧上了天，加多宝公司创始人陈鸿道的威名也在一夜间流传于大江南北。由于其神秘性，更加让人浮想联翩。但是，很少有人知道，正是由于陈鸿道的意气用事，加多宝当初大败于茶饮料市场，是一场不折不扣的营销大败局。

而正是在这次沉重的打击之后，陈鸿道和加多宝从此专注于红罐王老吉的推广，聚焦主业，定位准确，才终于成就了中华第一罐。

风云突变，加多宝茶饮料败走麦城

20世纪90年代末，康师傅和统一食品先后进入茶饮料行业，为了绕过旭日升冰茶的品牌壁垒，两大企业不约而同地以"冰红茶"为产品概念对旭日升的"冰茶"进行区隔，并同时在产品的口味上作了较大的改变——加入了柠檬成分,使冰冻后的口感更好。

经过几年的市场开发,2001 年夏天,康师傅和统一两大品牌的茶饮料开始红遍大江南北,而康师傅冰红茶在华南更是如日中天,在广东的某些城市,甚至把此前一直占领软饮料霸主地位的百事可乐和可口可乐挤下神坛,成为当地销量最高的饮料。

于是,可口可乐也在 2001 年推出了"岚风"系列茶饮料。与此同时,可口可乐公司内部还给岚风茶定下了市场目标——超过康师傅和统一。就在可口可乐公司的茶饮料刚刚登陆市场时,娃哈哈集团也宣布进军茶饮料市场,于 2001 年 5 月份推出"非常"系列茶饮料。紧接着,乐百氏、汇源、春都、椰树、露露等也开始涉足茶饮料行业,分别推出了各自的茶饮料品牌,就连国内啤酒业的龙头老大青岛啤酒也开始与日本朝日公司合作生产乌龙茶。

当年,业内人士曾预言,茶饮料将在我国掀起第三次饮料浪潮,甚至取代饮用水的地位,与发展多年的碳酸饮料争夺市场霸主。同时,由于康师傅、统一、可口可乐、娃哈哈这几大巨头的全力出击,使得三得利、麒麟、朝日这三大日本厂商也加紧抢占中国市场。

茶饮料市场的鏖战一触即发。

加多宝公司也毫不例外地加入了这一场跨世纪的茶饮料大战,在 1999 年的华南推出了茶饮料,品牌的名字就叫"加多宝",当初曾一度成为广东的知名品牌。

然而在 2003 年年底,却传出其开始削减"加多宝"茶饮、重点投资旗下另一品牌红罐"王老吉"的消息。业内人士纷纷叹息,一个曾在华南搅动茶饮料市场、一度创造辉煌的新锐品牌,却无功而返,退出茶饮江湖。

其实,从 2003 年开始,受"非典"疫情的影响,人们的健康观念空前高涨,尤其是处于疫情中心的广州、深圳、东莞等地,健康去火的王老吉等凉茶饮料,以及能提高抵抗力的红牛等功能饮料,纷纷受到消费者的欢迎,销量大幅上涨。而作为中国传统文化饮品的茶饮料却因此销量下跌。加多宝旗下的冰红茶、绿茶的销量更是下跌惨重,即使是在"非典"过后的销售旺季(七八月份),销量也不到 10 万箱/月。

虽然已经过去了多年,但这场营销大败仗的案例依然有着正反两面的意义。

运动战,高价侧翼进攻是否得当

在加多宝决心进入茶饮料行业之时,市场上已经存在众多其他品牌的茶饮料,如"茶字典"、"康利"等,甚至连可口可乐公司也推出了"阳光"冰红茶来分食这块蛋糕。对此,加多宝决定走差异化路线,以高端路线进行突围。当时,康师傅和统一的茶饮料市场零售价大致为现代渠道(超市)以 2.5～2.8 元为主,传统渠道则以 3 元为主。为此,加多宝决策层将其冰红茶和绿茶的市场指导价格定为每瓶 3.5 元。

加多宝的高价策略,的确算是一次大胆的侧翼进攻。但是,这种高价必须有一个合理的卖点来支撑起产品,否则高价产品就变成了无源之水、无本之木。

市场营销理论也告诉我们,在没有明显差异化的前提下,消费者往往以领导品牌为标准来比较和评判同一品类中各个品牌的特点,包括价格、口味、包装等,这就是领导品牌"先入为主"的优势。如果康师傅绿茶卖 3 元,加多宝绿茶卖 3.5 元,消费者就会觉得加多宝卖贵了,购买意愿也将大大下降。

所以,在茶饮料市场已经形成康师傅、统一两大品牌相对市场垄断地位的前提下,其口味、价格、包装等产品特点已经成为行业标准。在这种情况下,加多宝茶饮料在没能提供高于两大品牌的品牌附加价值的前提下,以高于市场公认价去出售产品,能否被消费者接受呢?

事实上,加多宝公司一直在努力,试图从产品本身、品牌传播上找出高于康师傅和统一的附加值。遗憾的是,直到 2003 年,消费者也没有看到任何有说服力的产品附加值。从产品力角度而言,加多宝茶饮料无论从口味上还是包装价值感上,均未能很好地体现出高于两大茶品牌的附加价值。

反观日本麒麟的午后红茶,由于巧妙地利用已故明星奥黛丽·赫本作为其代言人,加之其独特的日式茶风味与时尚的包装设计,3.5 元的零售价就显得非常自然,轻而易举地被消费者所接受。午后红茶的成功,奥黛丽·赫本的广告奇兵效果要排在第一位,这属于传播方式上的侧翼进攻,形成了其品牌形象的差异化。

其次,从市场经济学角度来说,资本具有很强的逐利性。同样,作为小资本主体的零售终端必然也具有一定的逐利性和功利性,这点在加多宝茶饮料的销售通路上得到了充分的体现。

在销售执行上,加多宝把现代渠道作为品牌展示的良好舞台,以高昂的陈列费用为代价,维持超市必要的陈列面。但在众多的传统渠道面前,加多宝有限的销售费用明显无法长期支持良好的陈列。

如果说在现代渠道,作为经济个体的超市可以用企业提供的长期陈列费抵消加多宝茶饮料销售不畅的利润损失,那么数量众多的、同样作为经济个体的传统渠道却无法长期以陈列费用来维持。

快速消费品的营销规律表明:在初期强大的通路促销费用的支持下,一个新生的品牌可以被陈列在最好的位置,但这一品牌如果不被消费者认可而滞销,那么商家的选择就是降价或者撤柜,并拒绝进货。事实上,加多宝茶饮料后期铺货困难的原因就在于此。

另外,在消费者的心目中,现代超市和传统渠道有一个明显的区别,就是超市是以薄利多销来获得利润,所以它的价格总是略低,尤其对于价格弹性高的快速消费品更是如此。但是,消费者却在此时看到了一个很奇怪的现象:超市中加多宝茶饮料价格高高在上,维持在 3.5 元/瓶,而一般渠道中的价格却被贱卖到 2.5~3 元/瓶。

因为超市的价格是可以被厂家控制的,但一般渠道的价格却不能,所以一般渠道的价格就是这个品牌在消费者心中的实际价格。从这个层面上来说,加多宝茶饮料的高端价格策略已经失败。

作为冲出同质化产品包围的一种策略,走高价的侧翼进攻路线并没有错。但高价的侧翼进攻有很多先决条件:

第一,该品类并没有出现相对垄断地位的品牌,或者消费者心中对该品类有差异化的需求;

第二,必须提供较高的品牌附加价值,而且这些品牌附加价值必须是消费者所需要并能很明显感受到的;

第三,必须有高端化的品牌传播方式。

加多宝茶饮料走高价路线来侧翼进攻,营造了一个良好的开端,但没有做到差异化的品牌传播方式、促销方式,所以,没有差异化的"奇招",就难以出奇制胜。

再来一瓶,过度促销透支品牌生命

2002 年夏天,加多宝茶饮料作为华南茶饮料市场上一个耀眼的品牌,在深圳、东莞市场上销售量直逼处于霸主地位的康师傅茶饮料。在这一年,加多宝茶饮料凭借"再来一瓶"活动高达 70% 的中奖率,吸引了大批消费者购买,部分零售终端一度脱销。但这一切,注定了加多宝公司将在不久之后要为此付出沉重代价。

"再来一瓶"是一种开启瓶盖直接兑奖的促销方法。在《宗庆后为什么能》一书中提到,"再来一瓶"的促销方法,娃哈哈在 20 世纪 90 年代中期就曾用过。而健力宝在 90 年代早期也使用过类似的促销方法,效果也不错。

"再来一瓶"利用即买即奖、现场兑奖的方式,极大地方便了消费者。该方法推出后,立即受到消费者的热烈欢迎。同年,康师傅加以模仿,针对易拉罐产品推出"随手一开,冰力再来"的活动,也获得了极大的成功。

但加多宝公司在执行"再来一瓶"策略的时候忽略了一个重要因素,即在照顾消费者购买热情的时候,也要照顾通路的利润。由于"再来一瓶"开始时的火爆成功,使加多宝决策层错误地认为应该乘胜追击。于是,公司放任高中奖率的持续进行。

前文已经提到,作为经济个体的零售终端,尤其是小本经营的传统渠道,具有资本的逐利性。超市可以凭借其他产品获得利润,甚至可以牺牲某个品类的利润来获得消费者的青睐和光顾,从而利用其他品类的收益来获得整体的利润。而传统渠道的小本经营,决定了经营者会计较细微的经济利益。

过高而持续的中奖率,会吸引消费者只购买这个产品,而在兑换奖品过程中的平均每瓶收益——每收集一定数量的中奖瓶盖,厂家返利饮料一瓶——却远远低于直接贩卖一瓶所获得的利润,这样通路就会进行抵抗。所以,康师傅和统一在进行"再来一瓶"的过程中很好地控制了中奖率的概率,从初期高达 70% 的中奖率,慢慢递减到不到 10% 的中奖率。在传统渠道通路开始意识到影响利润的时候,消费者中奖率已经滑落到最低,兑奖活动也开始接近尾声。

在加多宝进行持续高中奖率的后期,已经出现部分传统渠道拒绝进货的情况,理由是"没有利润,还要倒贴冰箱的电费,同时还挤占了利润高的产品陈列位置"，这是加多宝策划此活动时所没有预料到的。

同时，过高而持续的中奖率使消费者认为，加多宝就是一个靠高中奖率来销售的品牌。这样的消费者观念，使得加多宝品牌始终无法高端化。

消费者对"再来一瓶"的热衷使加多宝茶饮料的销量大幅上扬，也使加多宝公司决策层错误地对加多宝2002年度销量作了非常乐观的预测，从而准备了大量的库存以备市场需求。但随着通路的抗拒和消费者热情的降低，以及后来华南天气的改变，到11月份的时候，加多宝茶饮料销量大跌，这种状况一直持续到2003年夏天。

大量的库存开始成为公司的一个巨大包袱，几乎整个2003年夏天，销售队伍都在为清理库存而努力，针对旧货发动了大量的通路促销。于是，市场的多米诺骨牌效应出现了。一方面通路非常依赖促销，对于促销有很强的预期，一旦促销停止，通路进货也停止，只能一而再、再而三地进行通路促销；另一方面，大量的通路促销使得渠道商购进旧货的成本很低。

劣币驱逐良币，加多宝2003年的新包装、新口味的茶饮料被深藏于柜台内，公司针对新品推出的一系列促销活动由于铺货率过低而大打折扣，期待利用新品开拓市场的梦想最终成为泡影。

"再来一瓶"作为一个提高消费者试饮的策略，在产品传播初期可以很好地利用，而一旦达到第一波的试饮效果后应逐步下降中奖率，以免陷入"促销过度"的陷阱。

目前，有不少饮料产品常年开展促销活动，几乎每时每刻都可以看到它在零售终端的促销信息。殊不知，这种品牌给消费者的感觉是始终存在降价机会，有的甚至认为这是滞销品牌。

合理的促销应该是间断性的促销，而且要不时地改变促销方式，比如促销奖品的更换、买赠方式的变化。这样既带给消费者新鲜的感觉，同时也不会使其产生品牌低端化的看法。

近几年来,康师傅茶饮料"再来一瓶"促销的先成功后失败,也是一个很好的例证,如果不控制中奖率和及时兑换产品,必然引起渠道的不满和抛弃。

真茶味,品牌诉求失误

在 2002 年的茶饮料领域,加多宝除了采用运动战侧翼进攻,也提升了渠道的铺货率,全面投放广告,全区域开展多种促销活动。然而,经历了当年的茶饮料营销战之后,加多宝公司在次年重新调整策略,决定避开与冰红茶市场上康师傅、统一这两大品牌的正面交锋,采用其他方式进攻。

2003 年,加多宝重点推广旗下绿茶产品,推出了以"真茶味"为主要诉求点的绿茶广告,力图从产品口味上侧翼进攻,从而突破康师傅和统一联手铸就的茶饮料屏障。不过,绿茶产品本身在口味上很难开发出差异化产品,从而起到奇兵的效果。

从营销理论上来说,侧翼进攻的营销思路无疑是正确的。但是,"真茶味"真的能体现出加多宝绿茶区别于其他品牌同类产品的品质特点吗?

从品牌营销的角度看,任何一个成功品牌的产品概念,必须包含下面三个要素:

第一,消费者需求——主要描述消费者的需求、信念或态度,并引起消费者的共鸣,为引出产品利益作铺垫;

第二,产品利益——描述产品可以帮助用户解决问题及带来的相应利益,引起消费者的购买欲望,满足其需求;

第三,利益支持点——具体描述产品特点、作用原理等支持产品利益的依据,让用户信服。

我们可以以康师傅冰红茶为例来分析如上三个要素：

第一，消费者需求——炎热的夏天，消费者需要一个解渴的饮料产品；

第二，产品利益——康师傅冰红茶能满足消费者清凉解暑的需求；

第三，利益支持点——由于冰红茶的成分里含有柠檬酸和茶多酚，所以在冰冻后给人冰凉好喝的感觉。

但如果我们用上述分析方法来分析加多宝绿茶的"真茶味"，会很遗憾地发现，在独特的利益支撑点方面，加多宝绿茶无法通过差异化站稳脚跟。加多宝拥有的特点，康师傅和统一都有，尽管从口味测试方面来说，加多宝绿茶和康师傅、统一相比并不逊色，但"真茶味"给消费者的感觉只是"茶味"而已，并不能说明加多宝绿茶是真材实料的。而在产品本身的茶味道方面，康师傅和统一已经做得相当好了。

以"真茶味"作为品牌诉求点，并没有使加多宝绿茶从康师傅和统一两大品牌的侧翼中突围出来。

其实，对于康师傅和统一来说，绿茶始终是个长期战略产品。绿茶的口味特点和冰红茶相比不是很好，这也决定了绿茶是个慢热的产品。谁也无法确定消费者什么时候能像当初接受冰红茶一样接受绿茶。尤其是康师傅，在大力经营冰红茶的同时，为了维持其在茶饮料市场的第一品牌地位，出于产品利润和产品线经营的考虑，也曾对绿茶做过大规模的推广，同时为了从品项上丰富绿茶的产品线，先后推出了冰绿茶和梅子绿茶，虽然效果不是很好，却丰富了康师傅作为茶饮料霸主的产品线和品牌内涵。

因此，加多宝茶品牌诉求的战略性失误是致命的，至于在其他品牌推广方面的战术失误已是赘述。

任何一个成功的品牌诉求，必须建立在成功的产品概念的基础上。这个产品概念必须尽量不同于其他品牌的产品概念，具有消费者真正需要并且能够感受到的区别于其他产品的独特利益。而这个品牌诉求，必须体现出这个品牌所依附的产品概念,尤其是产品的利益支持点。

原叶茶 vs 加多宝茶

反观可口可乐后期推出的原叶茶,其产品概念的三个要素更胜加多宝茶饮料一筹:

(1)消费者需求描述——除了茶饮料本身带给消费者的需要满足(解渴、好喝)之外,消费者还需要更天然、更少添加剂的优质茶饮料;

(2)产品利益——用原叶茶能满足消费者对天然、品质、健康的追求,强调该产品不是用茶粉和很多添加剂调制的茶,而是用天然茶叶来泡制的;

(3)利益支持点——原叶的配方表中,写明了是天然茶叶提取物,不是茶粉等食品添加剂,能有力地支撑"原叶"这一概念。

营销战略对了,不代表一定会成功,原叶茶的口感、产品包装、整合传播等营销战术也不能落后,而且一定要有过人之处,否则也别指望能长期抢占康师傅、统一多少份额。但是,营销战略不对,就肯定不会成功。

可口可乐为了推广原叶茶,启动了全国范围内 3400 万人群的免费派样试饮,覆盖了 30％左右的目标消费者。这个计划在饮料行业里可以说是史无前例的,足见可口可乐对获取全面进军茶饮料市场并博取最后胜利的自信。原叶茶在上市的第一年,可以说是非常成功的,从康师傅、统一、娃哈哈三大茶饮巨头手上抢下了 9％的市场份额。只可惜可口可乐没有在原叶茶上继续乘胜追击,反而分散兵力,转而推广果粒奶优,跟娃哈哈的营养快线抢占乳饮料市场,结果在原叶茶和果粒奶优之后都没有继续前进,反而停滞不前。康师傅趁机发起全国性的大反攻,又从原叶茶手中夺走了不少市场份额。

但我们可以确定的是,如果加多宝茶当初在进入茶饮料市场前,认真做好调查,推出如乌龙茶、油切麦茶、菊花芦荟茶、普洱茶等差异化的产品,真正做到从侧翼进攻、出奇制胜,或许就不会吃这样一个大败仗了。《孙子兵法》云:"知彼知己,百战不殆;不知彼而知己,一胜一负;不知彼不知己,每战必败。"回顾加多宝茶饮料的整个营销策略,对竞争对手优劣势的了解,对消费者的了解,对渠道各个环节想法的了解,都不太充分,这样打仗,基本上是"每战必败"。

从此之后,加多宝公司开始专注于红罐王老吉的推广,聚焦主业,定位准确,反而成就了中华第一罐。

塞翁失马,焉知非福?

商战与人生,得失之间,谁人能料;冥冥之中,或有天意?

第3章

加多宝与红罐王老吉的三场争夺战

　　回顾红罐王老吉这一产品的历史,我们将加多宝公司在温州、江西、北京三个市场的开发过程称为其成长历程上的三大战役。对加多宝而言,这三个市场的开发具有非凡的意义。在这三个市场的开发过程中,加多宝的营销战斗力与红罐王老吉的品牌力不断成长、成熟,如洗礼般,让加多宝和王老吉最终脱胎换骨。

　　温州战役帮助加多宝度过了最艰难的求生阶段,在特殊地域,加多宝找到了一条特殊的发展途径;江西战役让加多宝逐渐成熟,从野蛮生长开始变得有序发展;北京战役则帮助加多宝完成了洗礼,王老吉从一个区域品牌彻底蜕变为全国领袖品牌。

温州战

　　温州,应该被称为加多宝的福地,是加多宝最早的根据地市场,也是最强势的市场。以至于谈及加多宝，必谈"温州战役"，在很长的一段时间里，"温州战役"被套上了各种光环，被简单神化为加多宝成功的缩影和标志，成为了众多饮料企业打造样板市场与根据地的参照。然而，温州市场的成功有着怎样的必然性？它究竟为加多宝今后的发展带来了什么？

星星之火，可以燎原

让我们把时间拉回到 1995 年，经过前期积累沉淀的加多宝公司终于在这一年推出了王老吉凉茶。

然而在新品推出时，加多宝并没有想过以温州或者哪个区域为样板市场，而是打起了进军全国的旗号。当时，在每个省份的省会城市，都有王老吉的代理商。一个刚起步的企业，拿一款地域性极强的产品执行全国战略，结果可想而知。昙花一现后，惨败的加多宝很快退出了大部分市场，只在零星地域有所保留。在今天看来，这些零星的火种为加多宝日后走向全国埋下了"革命的种子"。

温州，就是当时留下的火种之一。当年盲目全国扩张、阵地战模式失败后，加多宝在总结经验教训时，意外地发现王老吉的产品在温州十分受欢迎，这引起了加多宝内部的高度重视。经过市场调研，加多宝公司发现，王老吉这一产品天生就有着适合温州市场的各类属性。

早期，大多数的温州人对王老吉的喜爱完全是出于潜意识的。"怕上火，喝王老吉！"这句广告语在今天已经家喻户晓，但很少有人知道，在产品面世初期，加多宝的广告语是"天地正气王老吉"。

就是这句广告语，一不小心触碰到了温州人最脆弱的神经。在改革开放初期，由于市场体系不规范，加上个别商家的不道德经营，温州在很长一段时间里被误解为假货之都，当这一款包装稳重、价位适中、口号响亮的饮料出现在人们面前的时候,迎合了许多温州人为温州"正名"的心理,在潜意识里促成了人们对王老吉的好感。

看准机会的加多宝公司开始了对温州市场的培育尝试。加多宝之所以能练就如今这般风生水起的广告宣传攻势,想必也是从那时开始积累经验的。如果用一个词概括加多宝在温州的广告策略,最切合的词语莫过于"无孔不入"。

那时,互联网还没有普及,能够影响大众消费最直接的手段就是电视广告。在拿下温州电视台的广告后,加多宝几乎全面覆盖了温州电视台以下各县级电视台的广告,或许在今天看来,这样的小手笔根本不值一提,但在当时却取得了良好的效果。高频次的广告深度培育了温州的消费市场,甚至直到今天,仍然有很多温州人认为王老吉是温州的品牌。

当一个外来品牌被认为是当地品牌的时候,很多不可思议的事情似乎就有了一个合理的解释。加多宝在全国为数不多的一点星星之火,借一阵春风拂过,让整个温州都烧了起来。

第一块根据地——餐饮市场

宴会,就是最早助力加多宝的星星之火,是烧遍温州的东风。

餐饮市场的高消费是温州的一大特征,其中以宴会最甚。以婚宴为例,20 世纪 90 年代中期,温州的婚宴消费就已经能达到每桌 3000 元的标准,这一标准即使在今天看来都是相当高的。除了消费高,宴会多也是温州一大特征,如谢师宴、满月宴……这些大大小小的宴会消费让加多宝看到了巨大的市场前景。经过内部评估,加多宝认为王老吉这一产品无论产品名称、外形包装、价格定位,都适合温州宴会市场,以宴会为突破口攻占餐饮,就成了加多宝在早期温州市场的既定方针。

对于如何将王老吉植入到婚宴中,加多宝费尽了心思,在配合当地广告轰炸的同时,各种促销战略也应运而生。饮料消费有着不同于一般食品消费的属性,其中一点就是 sale 和 resale 的区别,短时间内的重复性消费是饮料的一大特性。在当时的婚宴市场,加多宝采用了凭结婚证每桌赠送 10 罐王老吉凉茶的促销政策,轻松地规避了酒店进场的刁难,悄无声息地跳到了喜宴的餐桌上。这种做法看似疯狂,但实际上风险比"再来一瓶"的促销手段要低得多,也容易掌控。事实表明,在赠品之外,每桌都额外消费了大量的王老吉凉茶。这一高明的战略在迅速切入婚宴市场的同时,不仅没有损害自身利益,也赢得了青年消费群体对王老吉凉茶极大的好感。除了婚宴现场,加多宝公司也重点攻占了宴后的回礼市场,以至于到后期在当地流传着"温州人结婚,三红必备(中华、五粮液、王老吉)"的说法。

在婚宴市场取得成功的加多宝顺势出击,开始抢占其他主题形式的宴会。在加多宝看来,任何主题活动的过程要比结果重要得多,每一步的规划都要环环相扣。这一操作思路,在攻占温州"谢师宴"市场的战斗中体现得淋漓尽致。

温州有着尊师重教的传统,每年的高考后都会有大大小小的谢师宴,而凑巧的是这段时间又和中秋节相临近。那么,该如何统筹时间节点,把中秋、教育、谢师、宴会这些元素相结合呢?

经过分析,加多宝认为要切入谢师宴这种在某段时间内集中出现的现象,就要有与之相对应的长时间的主题活动。为此,加多宝启动了"学子情"计划,对温州当地品学兼优的大学生进行资助,巧妙地立足公益事业,以教育为突破口,顺理成章地进入了谢师宴市场。直到今天,这一活动还在进行,内容也不断丰富。谢师宴的突破所带来的并非只有宴会消费的拉动,也为王老吉凉茶在中秋馈赠市场的火爆奠定了基础。

宴会的春风造就了王老吉凉茶在温州一片红的景象。以宴会为带动,加多宝公司开始全面抢占整个餐饮市场。而更重要的是,在 1996—2000 年间,加多宝在温州餐饮市场的风生水起,为其建立了一个可复制的根据地,为日后在其他地区的市场上复制其营销模式的成功打下了坚实的基础。

第二块根据地——家庭市场

加多宝公司经营红罐王老吉的营销征程并不如外界想象中的一成不变。

到了 2000 年,当所有人都觉得餐饮将成为加多宝的根据地渠道,并计划将温州的营销模式复制到全国的时候,奇怪的现象出现在了加多宝市场部的报表上。在温州市场整体销量不断扩大的情况下,餐饮消费却开始出现增长停滞,甚至有些地方出现了下滑。是市场调查出了问题,还是市场真的有了一些新的动向?

经过反复调查核实,加多宝发现,市场调查的数据没有问题,一大部分的王老吉开始从餐饮流向家庭,也就是说,催动温州市场业绩上扬的根本原因,在于家庭消费开始形成。

红罐凉茶王老吉在初期走进家庭完全是无意识的,是自己长腿走进去的,根源在哪,至今说法不一。有人认为是餐饮消费的市场教育,有人认为是包装形态,有人则认为是口感,但这已经不重要了。

重要的是如何摆脱无意识状态,让人们开始有意识地消费王老吉,这才是当务之急。

优秀的营销团队善于发现市场动向,并能够根据新的市场动向快速反应,作出政策调整。如果加多宝公司始终执着于餐饮市场,那么或许直到今天也走不出温州。在发现家庭消费可能有着巨大"蓝海"的时候,加多宝迅速调转了车头。

现在看来,营销策略的调整在当时是冒着巨大风险的,因为策略的调整就意味着资源的重新分配和倾斜。当加多宝公司把营销资源向家庭市场倾斜时,那么对餐饮的进攻力度和客情维护就会减弱。万一家庭市场没有成功突破,餐饮市场和整体销售额都会面临下滑的风险。

"健康家庭,永远相伴"——成为了这一时期加多宝的宣传语。如何尽快把消费者引导到这八个字上,加多宝在温州采取了"深耕"的做法。例如,加多宝联合社区居委会开展"送吉祥"活动,对小区住户挨家走访,寻找家里是否有"吉元素"(包括王老吉产品、空罐等),一旦发现,当场赠送 6 瓶王老吉,这样贴近家庭的主题活动,配合电视、报刊等媒体宣传,在温州造成了极大反响,家家户户抢购王老吉。就像前面所提到的那样,这时候主题活动的结果已经不重要了,在这一活动的进行中,加多宝公司对消费者的反复教育已经把"健康家庭,王老吉与您相伴"这样的概念植入了消费者的心目中,成功完成了从餐饮市场到家庭消费的转型。不得不说,加多宝公司从单一餐饮市场的根据地,到另行开辟家庭消费这个新的根据地市场,打了一场漂亮的营销游击战。

让自己有一块坚实的根据地

加多宝公司经营的红罐王老吉在温州市场的成功有以下几点:

第一,加多宝在战略上没有把王老吉作为凉茶来运作,而是作为一款饮料来操作。无论是作为餐饮消费还是在家庭消费,人们并没有把这一来自广东的地域性产品当作凉茶,而是作为一款有特殊意义的饮料来消费的。这也是为什么王老吉在温州比在广州卖得还好的深层原因。

第二,加多宝没有重复之前全国扩张和阵地战营销模式的失败,而是以餐饮渠道为突破口,并将其成功打造为第一个根据地,从此开辟出了一条游击战根据地的营销模式。

第三,找到了第二大根据地——家庭市场。两大根据地保证了加多宝公司和红罐王老吉产品进可攻、退可守,解决了生存问题,并以此为模式开始向全国发展壮大。

值得反思的是,我们很多中小食品饮料企业,往往不认真研究优秀企业的成功过程,而只是看到其成功的表象。很多企业在自身还没有解决生存问题时,就开始考虑如何生活得更好,就想着跨越式的发展扩张了,这是不现实的。对于中小企业而言,还是应该先建立游击战根据地,打营销游击战。

江西战

江西一役,在加多宝成长历程上很少被外界所熟知。但在加多宝内部,江西市场的运作成功有着不亚于温州市场的意义。如果说温州市场的成功是根据地市场建设与营销游击战的雏形,那么江西就是根据地市场和游击战模式复制成功、并对外扩张的标志。

加多宝在江西不仅找到了产品能够推向全国的新定位,也形成了一整套适用于全国市场的营销运动战操作思路,并落地成形,在后期达成了"以江西营销战模式指导全国市场建设"的战略方针。从这以后,加多宝开始走上了快速发展的高速公路。

深刻挖掘品牌定位

客观地讲,江西并不是消费强省,像红罐凉茶王老吉这样价格偏贵的饮料能够在江西市场爆发,是加多宝公司自己都没想到的。2004 年,王老吉凉茶的年销售额突破 14 亿元，较 2003 年的 6 亿元增长了一倍多，其中江西市场王老吉的销量与 2003 年相比激增了 700%。能获得这样的增长速度，很大一部分原因是加多宝率先在江西执行了王老吉这一产品能够推向全国的产品定位。另一个原因则是对温州营销模式的成功复制，并通过侧翼进攻扩大了战果。

对饮料而言，最基本的属性是解渴，其次是口感，在这两个基本属性之外，如果能有一些附加功能来丰富产品内涵，就能使产品显得更加饱满。在此基础上，如果还能加上点文化的味道，就更是锦上添花了，康师傅茶饮料的成功便是对饮料发展规律最好的诠释。

以同样的标准来看王老吉凉茶，首先其具备解渴功能，口感在广东凉茶的基础上有所调整，去除了广式凉茶的苦味，适合推向全国；而作为创立于清朝道光年间、拥有 170 年历史的凉茶品牌，其并不缺少文化内涵，那么独缺的就是对产品本身属性的高度提炼。

看看王老吉的起源："清道光年间，广州爆发瘴疠，疫症蔓延。王老吉凉茶创始人王泽邦为挽救患者，不惜以身试药，研制出一种凉茶配方。这种凉茶不仅解除了乡民的病痛，也帮助乡民躲过了天花、疫症等灾难。"

可以说，王老吉凉茶最早的产品属性是一味防范疫病的药剂。但是，将此定位作为一款饮料的属性推向全国显然是不行的，这也是为什么加多宝公司会在温州市场尽量淡化凉茶概念的原因。

既然不能用原有属性，那就必须提炼新的消费属性。通过市场调查，加多宝公司发现，很大一部分消费者选择王老吉的原因是因为看中了其具有预防"上火"的功效。这一发现让加多宝如获至宝。

"上火"是中医学中对一系列具有阳性、热性特征症状之疾病的概括，具体表现为口唇干裂、口舌生疮、鼻腔热气、咽喉肿痛、全身燥热、牙龈红肿、食欲欠佳等症状，相对于疫病，这些症状具有普遍性，无论天南海北都有"上火"的人群,是一个能够推动产品走向全国的属性。

提出"预防上火"的概念,加多宝也经过了反复考虑。相比于以去火、下火、降火、清火为概念的凉茶类或非凉茶类产品,王老吉更有普适性,差异就在于去火、下火、降火、清火等概念立足于解决症状,需要解决问题,而预防上火的饮料则可以随时饮用,不受限制。

经过市场调研,加多宝公司内部一致认定了王老吉凉茶的产品定位,其属性主要有三个方面:

第一,王老吉是凉茶,与其他碳酸饮料、茶饮料、果汁饮料一样都属于饮料类;

第二,王老吉在饮料的范畴内参与市场竞争,主要的竞争对手是饮料大品牌;

第三,王老吉有别于普通饮料,它能有效预防上火。

让品牌定位深入人心

在产品属性明晰之后,接下来首先要做的就是精准定位消费人群,从加多宝内部的《王老吉品牌研究总结报告》中我们可以看出,王老吉凉茶的主要消费群体集中在18～30岁、具有一定经济基础、学历较高的青年消费者。今天看来顺理成章的事,但在2003年抉择时却下了很大的决心。

而配合新的消费群体就要有新的广告宣传,据原加多宝元老曲宗恺回忆,当时在高管会议审议广告片定稿时,同事们看到一个年轻人拿着吉他唱出"不用害怕什么,尽情享受生活,怕上火喝王老吉"这样极具摇滚风格的广告语时,现场鸦雀无声,有些人甚至惊讶得合不拢嘴。在所有人的固有思维里,王老吉是一个走稳健路线的产品,谁都没有想到新的广告片会以这样的方式出现,然而当人们回过神来的时候,所有人都一致认同了这个短片,原因很简单：极具创意、定位清晰、目标精准。也就是从这一时期开始，"怕上火，喝王老吉"这一广告语开始火遍大江南北。

当然，只有产品定位和人群精准化是远远不够的，接下来就要开始围绕定位建设市场和完善产品线。为了提高饮料市场的竞争力，加多宝开始完善产品包装规格，以适应不同渠道的竞争，以及满足不同消费人群的需求。

红罐王老吉当时主要的产品包装规格分为三类：单罐装、6连包塑料装、12罐箱装。

其中单罐装定位为普通包装，以消费者日常购买为主，主要占领批发、商场、餐饮等渠道。根据市场调研报告，购买单罐装的消费者以年轻人为主。

6连包塑料装定位为量贩家庭装，以家庭购买为主，满足家庭日常消费和聚会，主要占领商超渠道。这类消费者以中老年人、家庭主妇等居多。

12罐手提箱装定位为礼品装，适合走亲访友送礼时使用，彰显吉庆品牌形象，主要在商超、副食品店或礼品店出售。

在产品渠道布局定位明晰后，如何做大做强"预防上火"的概念？加多宝首先分析了导致上火的原因，总结起来有五大方面：季节、饮食、户外、熬夜、心火。以此为基础，加多宝提出了"消费情景化"的概念。消费情景化是指模拟日常生活中各种容易"上火"的情景，在其中植入和王老吉相关的内容，这部分任务主要靠高空广告完成。

其中比较成功的有季节式情景化和场合式情景化，季节情景化以四季为区分，提炼了四季"上火"的诱因，引导消费者饮用王老吉，包括"春暖乍寒，怕上火，喝王老吉"、"炎夏消暑，怕上火，喝王老吉"、"秋高气躁，怕上火，喝王老吉"、"干冷冬季，怕上火，喝王老吉"。

加多宝以形象的描述阐释四季上火的原因，进行消费引导，例如对春季的描述："'春天孩儿面，一天三变脸。'天气变化反复无常，乍暖还寒，忽冷忽热,风多雨少,气候干燥。人体的水分容易通过出汗、呼吸而大量丢失,不能保持人体新陈代谢的平衡和稳定,生理机能失调而导致上火。就连踏青、出游也会担心上火,其实都不用担心,王老吉凉茶能有效预防上火,让你尽情享受春天的美好生活!"

除了季节,加多宝还选取了各种生活场景,针对容易上火的人群重点突破,比如熬夜加班、吃火锅、看球赛等。

只是单纯的情景模拟显然是不够的,要在感性诉求上更强势地植入产品,为此加多宝又提炼了对吉庆场合的消费引导,包括传统佳节:红火新春、中秋月圆、国庆佳节等;民俗节日:泼水节、火把节、月亮节、查白歌节等;婚礼庆典;欢乐时分:升职加薪、金榜题名、聚会乔迁等。总之,人生中的重大喜事,一个都不能错过。以预防上火为功能诉求,以吉庆时分为感性诉求的王老吉,开始全面占领消费心智。

在江西市场最早落地实践的终端生动化,更成为了日后加多宝在终端推广的杀手锏,这一手段帮助加多宝战胜了众多竞争产品,使红罐王老吉在终端形成了病毒式传播。由市场部主导的"终端化工程",简单来说就是利用终端一切可以动员的力量,精准地布置形象宣传物品,力求达到无处不在的覆盖。加多宝的销售渠道主要分为批发、小店、餐饮、现代、特通(特殊通路)五种,对每种渠道市场部都制定了适合的生动化策略。

在批发和小店渠道,加多宝投入的主要有店招、雨篷、广告伞、海报、串旗等,在每一个批发网点摆放多少个POP海报、贴多大尺寸的冰箱贴、放几个易拉宝都有十分详细的规定,对不同终端店则分别要求必须有多少罐王老吉的陈列和堆箱。有专门独立于市场部之外的督查人员对整个市场进行监管,对不按要求布置的经销商和网点负责人进行严厉处罚。

在现代渠道,加多宝公司会对KA(Key Account,大客户)销售业务员们开展更多的生动化培训,规定在基础货架区要扩大自身的产品陈列面积,要求他们在超市拿到较好位置的堆头、端架、收银台等区域的陈列展示，摆放公司要求的、外形统一的品牌宣传物料，借此提升品牌形象。

而在特通，公司则会要求业务员们加强拜访客户的频次，多跟客户处理好客情关系，以及利用公司许可范围内的费用，争取更好的品牌生动化。

餐饮根据地的复制

不得不说，温州市场餐饮根据地的建立，带有一定的偶然性，因为当地种类繁多的宴会餐饮消费，是其他区域所不具备和难以复制的特点。然而在江西市场的餐饮渠道，加多宝公司更将终端生动化下沉到每个餐桌，而这也是容易标准化和可复制化的模式之一。

在消费者进入江西的各大小饭店之前，就会被门口的吊旗、围裙、展示架、广告牌所吸引，可以说是未见产品其身，先见品牌其形。在餐桌上，有印着王老吉字样的餐巾纸、牙签筒，让消费者无时无刻不被红罐王老吉的品牌形象所包围。在各大小餐饮终端，有加多宝公司提供的促销人员，配合着现场的试饮和买赠，与消费者形成互动化交流。

加多宝公司在餐饮渠道经常用促销活动提升销量，主要是赠饮活动，让消费者品尝王老吉的味道，向消费者宣传其下火的功能，同时培养目标消费者。在江西南昌这样的省会城市，红罐王老吉每月的品尝产品有 500 箱以上，投入较大。推广方式则是招聘促销小姐，每个点提供半箱或整箱产品来品尝，每支产品要求冰镇一小时以上，倒 6 小杯给 6 个客人喝。红罐王老吉还时不时与啤酒搞联合促销，在消费者购买啤酒时赠送王老吉。

而"预防上火"这一品牌定位客观上也起到了加速复制根据地模式的作用。加多宝公司选择消费者吃饭时容易上火的湘菜馆、川菜馆、火锅店作为"王老吉战略合作店"，投入资金开展促销活动，并且把这些终端场所也变成了广告宣传的重要战场,设计制作更具差异化的电子显示屏、红灯笼、菜牌等宣传品。

成功可以被复制

江西市场的成功在于以下几点:

一是加多宝为红罐王老吉找到一个极佳的品牌定位——预防上火。

二是餐饮渠道根据地模式和营销游击战的成功复制。有了餐饮这块根据地,进可攻,退可守,充分利用湘菜馆、川菜馆、火锅店这些最适合不过的目标餐饮终端。如此一来,根据地模式的复制简直易如反掌。

三是找到一条侧翼进攻的运动战营销模式——终端生动化。全国的饮料企业中,在终端和渠道的生动化方面综合比较,加多宝堪称首屈一指。因为可口可乐、百事可乐、康师傅、统一是多个饮料品类同时推广,自然就分散了兵力。特别是终端生动化,也帮助加多宝公司从侧翼突破了可口可乐和百事可乐的正面防守,打开了一个突破口,从此长驱直入,几年之后罐装王老吉的销量便超过了"两乐"(可口可乐、百事可乐)。

北京战

每当回忆起2008年,有两件大事是每一个中国人都会铭记于心的,第一件事是汶川地震,第二件事是北京奥运会。在这两个焦点事件中,王老吉都给人留下了深刻的印象。地震赈灾晚会上一个亿的捐款和历时两年多的祝福北京活动,让王老吉在2008年成为了最具亲和力的品牌。正是凭借这两个焦点事件,加多宝顺利打开了京城市场,让王老吉凉茶成为首都人民最喜爱的饮料之一。当年北京市场的王老吉销量大概在 600 万箱左右，受北京市场影响，天津、河北、大连的销量也开始上涨。

营造全国式话题

2008 年之前，无论从年销售额还是品牌知名度上，加多宝都还不足以和可口可乐、百事可乐、康师傅、统一这样的巨头相比肩。在加多宝公司内部发布的《2006 年 6 月品牌关键指标调查报告》中指出，凉茶品类在全国范围内的渗透率为 54％，明显低于茶饮料（80％）和碳酸饮料（77％），即使是作为一个品类的代表，红罐王老吉还处于弱势地位。

在企业组织体系成熟和完成线下渠道布局后，要想实现跨越式增长，就要开始考虑对品牌的深加工。"将单纯品牌宣传上升为全国式话题的营造，是加多宝最有远见的地方。"在《中国好声音》节目火爆后，一位业内专家这样评价。追根溯源，这种话题式营销思路贯穿了加多宝的整个成长历程，而将这一思路发挥得淋漓尽致，并对加多宝产生深远影响的，还要数 2008 年的北京。

其实加多宝从 2002 年左右就陆续开始经营北京市场，那时主要以积累资源为主，在北京以"加多宝茶饮料＋红罐凉茶王老吉"为主，有大约 20 人左右的团队，没有广告支持，目的只是培育市场，赞助一些小店的活动。

刚开始，北京市场的整体投入力度不大，直到整体体系完善后，2004 年央视广告开始投放，才对北京市场有些带动。但由于投入成本过高、市场竞争激烈等外因和企业自身产业布局的内因影响，从 2002 至 2007 年，北京市场一直不温不火，虽然加多宝一直都想啃下这块硬骨头，但总是找不到一个合适的机会。

北京、上海、广州、深圳这类一线城市，不同于温州、南昌等二三线城市，市场规模庞大。过去的游击战营销模式是很难完全打下北、上、广、深的。而以高举高打、大规模投入、全面出击的阵地战方式或许可以毕其功于一役，但是风险也大得多，因为需要动辄几千万甚至上亿元的营销费用投入，如果效果平平，那么投入的营销费用立马就会变成亏损额。

直到北京奥运会召开，加多宝才预感到，机会来了。

想到借力北京奥运会对加多宝来说并非偶然。细心的人应该可以发现，在《中国好声音》之前，加多宝是很少赞助娱乐节目的，体育营销一直以来都是加多宝始终坚持的方向。这是有深层考虑的：娱乐具有鲜明的主观倾向，有支持的就有排斥的。相比于娱乐，体育更能贴近人们生活，形象更加健康积极，适合各类人群，不会引起消费者排斥。

然而，市场竞争总是无比激烈的，2008年的奥运会独家饮料赞助被可口可乐买断，让加多宝无法进入TOP俱乐部，在深入奥运会本体无望的情况下，加多宝开始在奥运周边寻找机会。在这样的操作思路下，加多宝在2007年启动了"祝福北京"的主题活动，具体形式是在全国23个主要城市巡回举办路演和征集百万祝福签名活动，以56个民族共同为北京祈福为主旨，与消费者近距离沟通，将主题活动宣传立体化、具体化，实现宣传的落地。

今天，许多企业也会选择一些主题活动在终端宣传形象，但大多数不是目的不明确就是运作没有章法，而加多宝的"祝福北京"活动举办时间集中在2007年6至10月和2008年3至7月，这两个时间段恰恰都是饮料销售的旺季。

配合着"祝福北京"主题活动的进行，加多宝在活动现场也开展多种形式的买赠，比如购买6罐装王老吉产品，送价值约2～3元的礼品（如运动护腕）一个；购买1箱王老吉产品，送价值10～12元礼品（如运动三件套）一个。这样一来，巧妙借助奥运，加多宝又在全国掀起了一阵红色风暴。

令人意想不到的是，本来全力以赴备战奥运的加多宝，在奥运盛会即将到来之际又迎来了另一件大事。2008年5月12日，汶川发生里氏8.0级特大地震，5月18日晚，在中央电视台举办的"爱的奉献——2008抗震救灾募捐晚会"上，加多宝副总阳爱星郑重代表企业捐出1亿元人民币，用于四川地区抗震救灾工作，此番善举赢得了雷霆般的掌声。阳爱星表示，"此时此刻，加多宝集团、王老吉的每一位员工和我一样，虔诚地为灾区人民祈福，希望他们能早日离苦得乐"。

捐款晚会之后，"加多宝"三个字一夜走红，成为了街头巷尾谈论的焦点。这也是加多宝这个名字第一次在公众面前高调亮相，使得大多数消费者开始真正认识加多宝集团这家企业，开始认真了解当时在市场上已经有较高铺货率的红罐王老吉。

经过2008年两大焦点事件的洗礼，加多宝应对大型焦点事件的操作思路也基本成型，包括后来2010年广州亚运会的成功运作，都体现了加多宝统筹兼顾、善用主题的营销思路。

媒体公关逐渐成熟

北京战役带给加多宝的，不仅仅是重大事件营销策略的成熟，也加速了加多宝在广告媒介公关的成熟。近年来，加多宝依靠央视广告带动获取了非凡利润，于是很多人理所当然地认为，加多宝的成功是靠央视广告炒起来的。但不得不承认的是，加多宝的媒体公关并非一开始就锁定了央视，与央视的合作也并非一开始就顺风顺水。

在经过地方电视台、省级电视台的洗礼后，2003年，加多宝斥资4000多万开始投放央视广告。加多宝和央视的合作过程，是一个从一无所知的"文盲"到知识分子，最后到专家教授的蜕变过程，广告投放的目的性和计划性越来越强。今天看来,加多宝公司在央视也好、地方卫视也罢,广告投入基本秉承两个原则:第一是拿下关键时段、关键位置的广告;第二是要做主题传播,不单纯做硬广告。

加多宝对公司每一个广告策划都会严加审核,广告服务于市场策略是最基本的原则。在提出"怕上火,喝王老吉"的定位和"消费情景化"的指导原则后,电视广告选用了消费者认为日常生活中最易上火的五个场景:吃火锅、通宵看球、吃油炸食品、烧烤和日光浴,画面中人们开心享受生活的同时,纷纷畅饮红罐王老吉,结合动感十足的广告语反复吟唱:"不用害怕什么,尽情享受生活,怕上火,喝王老吉!"

除电视广告外,加多宝在终端布置了大量的物料,大到电子显示屏,小到牙签筒,还有无处不在的 POP 广告,每件物料的设计都以产品主包装为主要设计元素,集中宣传一个信息:"怕上火,喝王老吉!"

多年来,加多宝从不轻易更换为其服务的广告、策划公司,并且专注于一面,甚至对央视广告的投放都是独立出一个广告公司单独代理。这样做只为一以贯之地体现出王老吉凉茶的品牌形象,例如为加多宝提供媒介咨询的凯洛广告公司并不涉及媒介广告的制作,这在很多企业看来是不可思议的。

在 2012 年 11 月 18 日举行的央视黄金广告招标会上,加多宝以 8600 万元人民币强势拿下中央电视台 2013 年第一标——新闻联播后标版一单元正一位,实现 2013 年的"开门红"。在熟悉加多宝的人眼中,这种举动一点都不稀奇。2006 年,加多宝就十分有远见地一口气续签了央视两年的广告费,以很低的成本轻松拿下了奥运年的广告,获得了天气预报后第一个广告的播放权,并和 CCTV-5 结成战略合作,成为 CCTV-5 的"赛事直播合作伙伴",这种合作形式也是加多宝首创的。

加多宝用线上广告配合线下活动,以主题营造话题,利用媒体,配合自己"祝福北京"的行动。可以说，如果没有 2008 年的媒体运作经验，以一个从地级电视台切入媒体的企业来说，加多宝不可能在 2012 年的《中国好声音》中有如此完美的运作，赞助《中国好声音》无疑是加多宝经过市场评估后得出的结论。目前，国内唱片行业不景气，娱乐过剩，逢低买入是市场投资的基本准则，加多宝在浙江有着深厚的媒体资源和群众基础，从这里发力最轻松，收益也一定是最好的，以 6000 万元的代价拿下《中国好声音》的赞助，从单一品牌宣传上升为话题事件传播，轻松度过改名后遇到的品牌危机。无论怎么看，这 6000 万元的投入都是物超所值的。

成为真正的强者

北京战役的成功并不仅仅是开拓了一个一线大城市那么简单，所体现的也并非是一个短时间内的结果，而是长期以来积累的媒体公关经验、营销作战经验、市场推广经验的一次集中爆发和整合式的进攻。如果说江西市场成熟了加多宝开拓根据地、突破奇袭的游击战与运动战营销模式，那么北京战役的成功就帮助加多宝公司将营销作战能力上升到能够进行大规模阵地战的程度。

北京战役之后，一个成熟的加多宝，一个能打游击战、运动战、阵地战等多种营销作战模式的饮料巨头，终于展现在了我们的面前。

第二篇

攻伐：解密凉茶营销战的取胜之道

是故胜兵先胜而后求战，败兵先战而后求胜。

——《孙子兵法·形篇》

第 $\triangle$ 章

游击战，以弱胜强的独门利器

纵观加多宝公司及红罐凉茶王老吉的发展历史，我们可以发现，凉茶业和饮料业营销成功的前提是：在综合分析敌我力量对比的前提下，先决定采用什么样的作战形式，再求立于不败之地，最后才有可能获得营销战的胜利。

毛泽东认为："战争本质即战争目的，是保存自己，消灭敌人。然而达此目的的战争形式有运动战、阵地战、游击战三种。"本书创造性地把这三种作战方式运用到营销上，希望可以帮助广大读者和企业在营销战场上不断打出漂亮的胜仗。

加多宝公司在温州战役中所采用的营销模式正是一种在敌强我弱的态势下展开的游击战。这是一种分散机动的作战，以袭击为主要手段，比正规战争的阵地战、运动战更具有高度的主动性、灵活性、快速性，是以弱胜强的群众战争。

游击战在战略上其实是处于防守的一方，战术上虽然经常奇袭和进攻，但尽量避免与敌人大决战，或者是展开大规模的会战。运动战也提倡出奇制胜，战略上进可攻、退可守，战术和战略上的选择更多。

作者分析研究了大量饮料案例、军事游击战例、国内外游击营销案例，总结出了适合中国本土的营销游击战作战原则："奇袭为主，速战速决，建根据地，枪法精准。"这将是 21 世纪新营销形势下的游击战 16 字方针。

第一条作战原则：奇袭为主，速战速决

游击战讲求战术奇袭、行动神速，要用巧妙方法迷惑敌人，声东击西，忽南忽北，即打即离。

奇袭，是趁敌不备，对其实施突然攻击的战法。进攻方通常选择敌方战斗力不强、防备不严、便于袭击的驻止之敌或行动中之敌，以迅速而突然的战术动作，速战速决，快打快撤。这种突然实施攻击的作战，目的是打敌措手不及，快速歼敌，以小的代价换取较大的胜利。

比如娃哈哈当年重点推出的 HELLO-C，就是一口气推出了 4 款果粒果汁，让对手措手不及。因为之前 HELLO-C 都是针对农夫的水溶 C100 来展开进攻的。这次一下子调转进攻方向去进攻果粒橙，让可口可乐的美汁源果粒饮料系列来不及防备，起到了理想的奇袭效果。

对于中国的中小企业来说，开发新产品要快速，要尽量用战术奇袭。康师傅的每日 C 果汁系列就是跟随统一的果汁系列，但是味道上更偏重新鲜的感觉，味道喝起来有点像鲜榨果汁，这属于产品口味的奇袭。农夫则推出混合果汁口味系列，避开了与统一鲜果多系列和汇源单一果汁口味的正面作战，同样也是起到了奇袭的效果。

当然，游击战并没有改变交战双方的胜利数字法则，即在同样情况下，兵力多的一方总是获胜。而对于普通中小企业，还是应该遵循客观规律来打营销战。

远的，有康师傅集中兵力于城市开展通路精耕，把产品同质化的康师傅饮料打造为超过 250 亿人民币、占整个集团一半以上营业额的第一大事业部。

近的，养元"六个核桃"用 1500 人的销售兵力（还没有加上更庞大的促销队伍），在河北、河南、山东几个省创造了近 30 个亿的销售额。

再举一个作者亲眼见证的案例。在醋饮料市场上，一直是"天地一号"称雄，广东更是其大本营。但是，当年乐品源的苹果醋在广东不到两个月就开发出了遍布全省的经销商网络，不到半年就销售完成了全年预期的营业额，在部分餐饮店销量超过了醋饮料老大"天地一号"。其中秘诀就是在部分餐饮渠道建立局部优势，在对手没有顾及的地方布置促销员，做好客情，某些网点投入达到对手的 2～3 倍，真正做到了集中更大的火力攻击敌人，当然回报也是比较可观的。

可惜，乐品源取得游击战的胜利后，又犯了贪大求全、贸然出击的中小企业通病，开始忙着开发苏打水、酸梅汤，甚至还去搞产业多元化，偏离了饮料的主业。

事实上，很多中小企业在获得根据地的局部胜利后，都容易因过分自信而开始打大规模的阵地战，将战线拖得很长。产品线过长、作战区域过长、管理架构过长，但同时企业自身的营销管理能力又不能迅速跟上，就很容易败下阵来。

第二条作战原则：建根据地，找一块可以守得住的根据地

这个游击根据地，实际上用营销的专业术语解释就是细分市场。它可以是地理意义上的细分，也可以是行业意义上的细分，甚至可以是性别、年

龄、品类等其他意义上的细分。

历史上，许多流寇主义的农民起义和农民战争之所以没有成功，主要原因之一就是没有巩固的根据地。当年李自成号称有农民军百万，但在兵力不多的清军和吴三桂的联合下节节败退，最终被不起眼的地主武装给杀掉。试想，当初如果李自成有哪怕一个根据地，能守住几个月，再联合各地的农民军，肯定还有机会东山再起。

三国时期，魏、蜀、吴三方鼎足而立，都不能在短时间内统一天下，也是拜于他们各自有强大的根据地，进可攻、退可守。

回到饮料行业，汇源牢牢占据了高浓度果汁市场这一细分饮料的游击根据地。对于可口可乐、百事可乐、达能、雀巢来说，汇源只是一个游击公司，但是这些位于全球500强的饮料巨头们谁都无法在中国的高浓缩果汁市场撼动汇源的领头羊地位。汇源占据了这个市场50%以上的份额，占有大量的上游原材料、全国最先进的生产基地以及大批忠实的消费者。难怪可口可乐愿意出179亿元买下汇源，而汇源的年营业额才20多亿元。

银鹭花生牛奶也是一个典型的游击根据地，并且多年来一直稳定在10个亿左右的销售额。很多大品牌多次攻击这个市场，但都无功而返，第一名始终是银鹭。

然而，汇源是一个游击战的好榜样，也是一个阵地战的坏榜样。

汇源在建立了高浓度果汁市场的细分根据地后，没有乘胜追击，扩大高浓度果汁占整个果汁市场的份额，而是贸然推出果汁果乐这一看似创新、实则模仿当年健力宝"爆果汽"的碳酸饮料产品，这是非常危险的一招。

汇源也没有集中兵力在某个区域、某个渠道重点进攻，反而选择了通过赞助全国性的娱乐节目《花儿朵朵》，开展全国分销和铺货，全面出击打阵地战，导致自身兵力分散，很容易被竞争者在不同区域、不同渠道的战场各个击破。

实际上，从战争的军事原则上看，建立了根据地，会打游击战之后，不是要忙着跟敌人打阵地战，也不是忙着进行大决战，而应该逐渐过渡到运动战，集中兵力侧翼攻击敌军的薄弱地带。

当一个企业面对同一个品类中多个敌人，自身要在多个进攻方向上作选择时，最好是按照营销运动战的第一条原则：快速机动，各个击破，选择敌人最弱的环节进攻、击破。

在低浓度果汁市场，可口可乐虽然从统一手中夺过了低浓度果汁饮料老大的地位，但是，这个地位并不稳固。实际上，可口可乐并不只是靠果粒橙抢夺份额，当年可口可乐的酷儿果汁，一开始也攻城掠地，堪称经典的游击战。但是这几年来，酷儿因为没有及时乘胜追击，品牌定位和广告创意一成不变，而逐渐走了下坡路。果粒橙也被百事可乐的鲜果粒抢去不少市场，统一鲜橙多、康师傅果汁、康师傅鲜的每日C也是如此。

在中浓度果汁市场，农夫果园停滞不前，统一的活力果园更是缺乏活力，牵手、茹梦、大湖、贝奇也都没有多大作为，品牌力和产品口味乏善可陈。日本的可果美退守在部分一二线城市的连锁便利店；香港屈臣氏果汁以新鲜果汁为主，属于冷链产品，局限在以工厂为中心的十几个一二线大城市。

从实力分析比较，中浓度果汁市场相对于低浓度市场，是标准的分散和孤立。此时不打，更待何时？

第三条作战原则：枪法精准，每一颗子弹消灭一个敌人

"我们都是神枪手，每一颗子弹消灭一个敌人。"正如《游击队之歌》所唱的那样，就算我们不是神枪手，但所有中小企业都必须重视"不要浪费子弹"这个重大问题。

子弹，可以理解成为企业的营销费用、营销资源，甚至营销团队。

所谓"英雄所见略同"，好的军事思想总是相似的。古巴游击战英雄格瓦拉在其著作《游击战》中也明确提出："一个 25 人的游击队，其武器的理想组合是：10～15 支单发步枪，约 10 支自动武器，其中除加仑枪和手提机枪若干挺外，应有携带方便和轻巧的武器，如勃朗宁式手提机枪或最新式的比利时 FAL 自动步枪和 M－14 式自动步枪。"

这些步枪构成了游击队的主要作战武器，即使游击队缴获并学会了使用敌人的重型武器，例如飞机大炮，但在游击队所在的山区，这些武器也基本无法使用，更得不到弹药的补充。

格瓦拉还强调："要袭击的地方应当是有绝对把握可以补充所耗弹药的地方，除非安全地带有大量弹药可以补给。换言之，如果必须耗费全部弹药而又得不到补充的话，那就不应冒险进行歼灭敌军的战斗。在游击战的战术中，赖以维持战斗的基本军用物资的供应，永远是个值得重视的严重问题。"

可惜，在中小企业中，很少有经营者或者营销经理人会去阅读这段文字，更不用说用心揣摩这段话的深意了。就算是打游击战，如果你在一个小城市，一会投电视广告、一会投户外广告、一会做地面推广活动，这样反复折腾几次没效果之后，企业就会没有子弹继续投入战斗了。

你有没有想过，在投放广告前，有没有研究清楚购买自己产品的目标消费群是哪些人？这些人喜欢从什么媒体上接触什么类型的广告信息？你有计算过各种类型广告方式的投入产出比吗？

在格瓦拉牺牲若干年后，美国的 Jay Conrad Levinson 正式提出了"游击营销"一词，认为应该与消费者建立个性化的联系，不需要借助单向的、被动式的传统传播媒介，而是采用具有互动性的传播路径，强调消费者体验，降低营销费用。

Levinson 还认为，游击营销应该主要针对单个消费者。当然，他也通过自身的营销实践做到了这一点，真正做到每一颗子弹都击中一个目标。在中国,很多人也把游击营销称作"精准营销"。

几种典型的游击战

区域游击战

很多中小饮料公司只专注于自己力所能及的区域,某个省、某个城市、某个渠道,甚至某个很小的地盘。福建省的饮料第一名是谁?可口可乐?娃哈哈?康师傅?王老吉?都不是,而是惠尔康。

全国饮料竞争最激烈的当属上海市场。可是,延中盐汽水在这里卖的就非常好,超过很多大品牌。

在功能饮料市场,要想在某个省,某个城市,某个小地方卖赢红牛,也几乎是不可能的。但是在广州的几个物流市场、批发市场,虎力士饮料成功地做到了这一点。虎力士用极低的代价,在很小的区域一个月就能销售上万箱饮料,获得可观的利润。

找到一个小的区域或者渠道,坚守下来,这也适合国内很多的中小饮料企业。中国这么大,不会像很多西方定位大师所判断的,最后一个行业只剩几个品牌。

人口游击战

以前曾经出现过一种叫"他+她-"的饮料,这种饮料明确提出饮料要针对不同性别、年龄的消费者。"他+(加号)",含有牛磺酸,可以补充体能;"她-(减号)",含有膳食纤维因子,可以帮助减轻体重。这两款饮料,都是针对年轻一族,特别是爱运动的时尚一族。

不过,在前期的巨大成功下——招商3个亿,"他+她-"饮料违反了游击战的规律。公司迅速在全国扩张,大量招聘销售人员,猛投广告,自然很快就败下阵来。

如果"他+她-"饮料只是守住某个区域市场,同时打人口游击战和区域游击战,那么到现在或许会是另一个结局。

想一想,旺旺的儿童牛奶存活了有多少年了?当年,如果旺旺一开始就跟蒙牛、伊利、光明开打阵地战,进攻成人牛奶市场,结局不言自明。

酷儿儿童果汁的成功也是一个经典的人口游击战。

你能说出康师傅果汁是针对哪个目标人口群体的吗?

说不出来,对吧?

那么,鲜の每日C你能猜出来吗?

一看名字就知道是针对年轻一族,特别是哈日一族的时尚青年,通过广告代言人还可以判断出针对的是年轻女性。

如此一来,鲜の每日C和康师傅果汁这两个产品未来的结局,也便很容易判断了。

唯有针对某个人群来打游击战,才有机会攻城掠地。

高位游击战

汇源是果汁饮料的代表吗?不是,统一鲜橙多才是。即便现在可口可乐的果粒橙已经追了上来,但是汇源一直是高价位果汁的代名词。

在高价位的高浓度果汁市场,汇源连续多年第一,市场占有率遥遥领先于第二名、第三名。竞争对手"都乐"有百事可乐集团做靠山,无数次猛烈进攻汇源,可惜都是无功而返。而可口可乐冷静地观察着这一切,最后决定打资本并购战，不打营销战。179亿元的收购价，是对汇源高价位游击战的最好肯定。

在广州的超市货架上，哪种牛奶卖得最好？不是蒙牛和伊利的纯奶、高钙奶、特仑苏、金典奶，而是燕塘的红枣奶、枸杞奶、木瓜奶系列，而且其价格更高出蒙牛、伊利纯奶30%～40%。当然，燕塘没有贸然在全国扩张，去跟蒙牛、伊利拼价格，这也让其在三聚氰胺事件中独善其身。广州的中高端社区，喝蒙牛、伊利的越来越少了。游击战的确是以弱胜强的好法宝。

价格高，对于全国同类企业来说是劣势，但对于区域企业，对于打游击的企业来说，也许是个好办法，只要你的产品质量与价格是同步的，当地的消费者心里是清楚的。

所以，你只要产品真的质量好，高价游击战也能成功。

打得赢才打，打不赢就跑

写到这里，作者还需要补充说明以下观点——每一颗子弹都绝不应该浪费，不消灭一个敌人，就不扣动扳机；但是，游击队的子弹毕竟是有限的，游击队员还是要作好随时撤退的准备。

格瓦拉在其著作《游击战》中也明确提出了类似的观点："一旦有失败迹象，随时准备撤退。"

游击战通常是在敌人占优势的敌占区域展开，避敌实，击敌虚。频繁游动，找敌弱点，出其不意地出击，打一下就走，捞一把就跑，转个圈子又回来。

国内众多的山寨饮料厂家可以说是一群游击高手。它们无所不在，无孔不入，哪里有机会就往哪里钻。正规大企业即使使出撒手锏，最多也只能让它们稍微收敛一点，却难以根除。不可否认，山寨饮料的价格利器、机动应变能力有其独到之处,令正规大企业防不胜防、头痛不已。此外,许多地方性品牌也会跟全国性品牌玩"打游击"的战法,并透过批发市场、店头陈列、价格及其地头优势等关系,吞食全国性品牌的市场,经常出一个饮料产品就换一个地方。

当觉察到形势发生了对自己不利的逆转时,就毫不犹豫地放弃自己的饮料产品,这样才能保存实力。一支游击队伍不应战到最后一兵一卒才撤退,而应以最少的兵力,争取最大的胜利。在必要时,立即撤退转移,绝不拖泥带水和逞英雄。一支游击饮料企业要能够轻装行动,随时准备战斗,随时准备转移。

若干年前,在加多宝公司还是个小企业时,曾经推出茶饮料跟康师傅一争高低。战果很容易预测。陈鸿道当年很坚决地撤退了,专心进攻凉茶市场,才有了后来王老吉的成就。如果当初不撤退,坚持跟康师傅茶饮料拼个你死我活,加多宝肯定早就被拖垮了。

领导品牌学不得

宗庆后(娃哈哈创始人)、陈鸿道(加多宝董事长)、钟睒睒(农夫山泉创始人)很幸运,因为他们从来都没有去饮料业的黄埔军校——可口可乐或百事可乐工作和训练过。

两乐(可口可乐与百事可乐)、两茶(康师傅与统一)被誉为饮料业的黄埔军校,每年为饮料业和快销品行业培养了大量的人才——是培养人才,还是培养士兵,或者是培养将军,只有用人单位自己才知道。

假如能说服中国本土中小饮料企业的创始人和领导者们,都去可口可乐工作学习一段时间,学会并遵循可乐的阵地战,那么可口可乐将很容易在以后的较量中取胜。

而宗庆后、陈鸿道、钟睒睒们没有进入过可口可乐、百事可乐、达能、雀巢这样的 500 强饮料企业学习,其实是一种幸运。

这并不是说世界上的饮料巨头们培养不出优秀的元帅和将军,它们确实能为同样的大公司培养优秀的领导人才。然而,饮料行业游击战的本质却与 500 强饮料企业的战略战术恰恰相反。游击战要想成功,需要不同的组织架构和没有被大公司洗脑过的将军与士兵。

至少就目前而言,从饮料黄埔军校出来的职业经理人,空降到中小饮料企业,日子大都不好过,很少有坐稳 18 个月以上的。这有点跟恋爱类似,18个月的热恋期,会发现对方身上太多的不足,最后只能以分手结束这段恋情。

换个角度,一方出身贵族豪门,一方出身贫下中农;一方动不动就要求打阵地战,一方只敢打游击战;一方要求有广告等空中火力支持,一方根本就没有空军,步兵都还是老弱病残,甚至参谋部也没有。这样的双方能有成功的"婚姻"吗?即使勉强结合,也迟早要上演离婚这出戏。

过去,学院派的教授和理论派的策划人经常批评娃哈哈和国内的中小饮料企业,拼命推崇可口可乐和百事可乐的品牌定位模式、营销战略、经营管理方式。可是,媒体上公开的消息是百事可乐因为在中国经营不善而卖给了康师傅,而与此同时娃哈哈的营业额和利税每年都有增长。

最后,总结三点:

第一,游击战,不是一定打不赢。在局部市场,在某个渠道,小企业还是能找到自己的相对优势,利用这一点集中优势兵力打击貌似强大的外企纸老虎,相信成功的案例会层出不穷。广东凉茶业的"深晖"、"晨光"、"宝庆堂"等凉茶品牌,就在广东部分城市建立了自己的游击根据地。

第二,打游击战,人力资源、营销团队思想要高度一致。你只有打游击战的实力，却好高骛远请一个擅长打阵地战的高级职业经理人，当然不合用。双方都有错，价值观都没有沟通好，就盲目恋爱，最后分手是正常的，越晚分手大家越痛苦，早分早解脱。

第三，饮料企业打游击战是求生存的最好方式。反对打游击战，反对模仿跟随的都是部分学究式的专家、纸上谈兵派的策划大师、所谓的广告高手，这几类人缺乏一线实战经验，空谈理论多，眼高手低。小企业创业时要善于打游击，善于过游击队式的"生活"——生下来，活下去。

现实营销战的残酷是那些空想派的人不能体会的，如果都生存不了，又谈何发展？

第5章

运动战，撕开防线的奇兵突袭

运动战在中国乃至世界都有着悠久的历史。中国春秋时期的城濮之战，晋军在决战前"退避三舍"，决战时又迷惑调动楚军，在运动中创造了大败楚军的战机。中国的历次农民战争，如黄巢、李自成、洪秀全所领导的农民起义，都曾在广阔的战场上进行流动、快速、灵活的运动战。

拿破仑在 19 世纪初的欧洲进行了大量经典的机动作战。到了 20 世纪，由于技术兵器的发展和快速机动部队的大量使用，运动战这种作战形式在第二次世界大战中得到了希特勒的大将古德里安的进一步发展——后世称之为"闪电战"（或闪击战）。历史已经证明了运动战的威力。

运动战是一种行动出其不意和迅速快捷的作战，以速度和数量为主要依托，比阵地战更具有高度的流动性、主动性、快速性，比游击战更具有决战性、杀伤性、规模性。

在市场营销这场无硝烟的战役中，只有大型饮料企业才适合打阵地战，小型饮料企业则可以打游击战，而大多数中小饮料企业最适合打"运动战"。

第一条作战原则：快速机动，各个击破

《孙子兵法·虚实》篇里提到："我专为一，敌分为十，是以十攻其一也。则我众敌寡，能以众击寡者，则吾之所与战者约矣。"其也是提倡集我军兵力，想方设法分散敌军兵力，形成局部优势攻击敌人。

简单说来，运动战就是通过快速、灵活、机动地转移部队，在局部战场集中优势兵力，选择并对准敌人的弱点，勇猛果敢，一鼓作气，采取猛虎扑羊群的办法，一举突破，歼灭敌人。但前提是你必须有比敌军更快的调配军队的速度，或者利用自身的战场移动，来调动敌人，从而让敌人的弱点暴露出来。

结合饮料行业，当竞争对手横跨多个饮料品类、有众多的饮料品牌和产品时，你要善于找出对手最弱的某个品类与品牌，或者最弱的渠道和区域，也可以是产品本身的弱点，如口味、包装、配方等。

指导这种运动作战是不容易的，要有决心集结自己的兵力，要善于寻找敌人的弱点。如果敌人没有弱点，你还要善于制造敌人的错误和弱点，改变敌我优劣条件，避开不利战斗，寻求有利形势。

这可行吗？

下面的案例将会证明这是可行的。不妨来看几个设问——

可口可乐的弱点是什么？

含咖啡因，这导致小孩的神经兴奋。

所以，七喜当年的攻击点集中在不含咖啡因，家长们可以放心购买七喜给小孩喝，于是七喜销量大增。

可是有时候，你的敌人固然会有一些弱点，但那仅仅是表面的弱点而已，并不是他们本身固有的部分。他们只是在某一点上忽略大意了，那不重

要，你该把表面的弱点忽略，去寻找其真正的弱点。

王老吉凉茶价格比普通饮料和其他凉茶品牌贵，并不是其固有的弱点。由于生产规模大，王老吉在凉茶行业中的生产成本最低。在价格上攻击王老吉短期内有效，长期则未必，因为他们有足够的成本空间，价格降低一半都可以赢利。

那么，王老吉凉茶真正的弱点是什么？

在"夏枯草"事件中，有人认为是王老吉配方中含有夏枯草。夏枯草去火的功效强，但长期饮用有可能会伤身。所以，竞争对手的广告中不乏诉求为"去火不伤身"，有的直白地声称"不含夏枯草"，还有的则委婉一点说"不含中药"。

但是，当卫生部发布的相关文件中明确了夏枯草可以作为食品配方成分加入饮料之后，夏枯草就不再是王老吉的弱点了。

事实上，王老吉的第一个弱点是其长期只主推红色罐装，导致包装形态单一，而且罐装不利于携带饮用，打开后必须一次喝完。和其正发现了王老吉的这一弱点，及时推出了瓶装凉茶，从而把自己从失败的边缘挽救了回来。

而王老吉的第二个弱点则是这一品牌是加多宝从广药手中租回来的，不是自己亲生的，而且在第二次租赁时行贿了当时广药总经理李益民，导致该租赁合同在法律上存在瑕疵，这就像一颗定时炸弹。

随后的事实证明，这颗定时炸弹真的爆炸了，而且炸得加多宝和广药两败俱伤。

要想找到竞争对手的弱点，就必须仔细研究它的产品质量、推广战术、价格和销售渠道，必要时还要收集国内外的信息。一旦找到了对手的弱点，就要迅速地集中兵力，形成作战优势，全力攻击。

饮料行业本身就是一个很容易走向同质化的行业。对于处于生存阶段的大多中小企业来说,快速机动胜过管理有序。《孙子兵法·军争篇》中也写道:"……疾如风……动如雷霆……"中小企业,开发新产品要像风一样快,要巧妙地跟随模仿,同时又必须在跟随中创新,短时间内在产品、渠道策略、推广战术上作出一些小的创新改进。

可以说,从不跟随的企业几乎是不存在的,在什么样的山头唱什么样的歌,在什么经济阶段就该用什么样的营销策略。

除了上新产品的策略要快速外,渠道推进也要快。可口可乐可以在一两周内把一个新品快速地放到全国一二三线城市的终端货架上,而娃哈哈则可以在同样时间内把一个新品推向全国农村市场的终端。

第二条作战原则：侧翼进攻，出奇制胜

第二次世界大战期间,以德国军事家古德里安为代表所提倡的闪电战(也称闪击战),攻势迅猛:1天内征服丹麦,5天内征服荷兰,18天内征服比利时,27天内征服波兰,39天内征服号称欧洲最强陆军的法国……闪电战充分利用机动化部队的快捷优势,以出奇制胜的方式不断攻城掠地。

世界营销大师艾·里斯曾经说过:"发动侧翼进攻,并不需要生产出不同于市场上任何现有产品的新产品。但是,你的产品中必须有创新或独特的部分(奇兵),得让顾客对你有新的观念。"

王老吉凉茶在短短几年时间红遍全中国,成为中华第一罐。很多食品饮料企业甚至药品企业都跟随模仿地推出了凉茶饮料,如可口可乐出了健康工坊,百事可乐出了草本乐,娃哈哈出了宋都凉茶,旺旺推出老翁凉茶,香雪制药出了上清饮凉茶,白云山集团出了白云山凉茶……

当然,这些凉茶没有一个能算得上很成功,很多凉茶现在在终端已经看

不到货了。因为它们不仅在跟随模仿上没有做到行动快速，在创新上更加乏善可陈。渠道策略有否创新？推广战术有否创新？产品包装有否创新？口味配方有否创新？似乎都没有。

以果汁行业为例，进攻者也在不断发起侧翼进攻。

汇源当年是用低价方式发起侧翼进攻，从茹梦、大湖、牵手等强敌手中夺走了大量市场份额，牢牢占据高浓度果汁的第一名。

而统一则避开汇源正面防守的高浓度果汁市场，找到了10％这个低浓度果汁饮料市场，通过分化出一个新品类来侧翼进攻，结果统一果汁在很短时间内成为了全国第一名。

可口可乐自然不会放过果汁这一巨大的饮料潜力市场。在精心策划多年之后，可口可乐推出含有果肉的果粒橙系列，又是一次漂亮的侧翼进攻，果粒橙这一奇兵也使得可口可乐把统一拉下了果汁行业第一名的宝座。

第三条作战原则：乘胜追击，扩大战果

今天许多公司在开创或者分化出一个新品类后就停止了行动，它们实现了最初的销售目标，然后就把资源转移到其他产品上去了。当年旭日升成功开创了冰茶品类后就昏了头，开始进行产品线的多元化，最终导致被康师傅、统一赶超。

不乘胜追击是个重大错误，特别是对于采用运动战进攻的中小企业而言。我们可以借用一句古代的军事格言：一鼓作气，再而衰，三而竭。如果不能借开创新品类的初期成功所获胜的士气，乘胜追击，想扩大战果就很难了。

假定某饮料公司有三支产品，其中一支领先，另一支落后，第三支支种

处于市场中间地位,那么哪支饮料产品能占据决策层的时间和注意力呢?

无疑是落后的那支产品。

传统市场营销计划的重点是保护公司以避免失败。所以,常常把大量的金钱和时间都用在了保护旧产品和旧市场上,却很少顾及对已取得的成果加以巩固和扩大。所以,通常许多公司的做法是,忽视眼前,把大量的营销资源用于弥补过去的错误决策所造成的损失。

然而实际上,应该把落后的产品枪毙掉,并把其余的资源输送给已经领先的产品,这才是正确的竞争策略。

还是学学统一和可口可乐吧!

统一在鲜橙多成功之后,不断推出一系列果汁新品——苹果多、蜜桃多、葡萄多。很快,统一的"多"果汁系列成为了果汁行业的老大。

当可口可乐的美汁源果粒橙成功推出后,同样也没有停止追击,而是接二连三地推出了果粒西柚、果粒葡萄芦荟、混合果粒等饮料,更加巩固了自身的霸主地位。

运动战提倡打歼灭战,而不是击溃战。如果企业不能乘胜追击,扩大战果,就很可能让其他对手趁机而入。对于中小企业而言,如果不能继续追击,开发系列新品,扩大渠道铺货,增强空白区域的招商,就意味着将失去机会和市场。

同时,要保持聚焦在你所开创的品类上,一旦分散兵力,后果也是非常危险的。王老吉凉茶大获成功后,继续聚焦单一产品,扩大铺货率,增加广告投入,打得众多对手无还手之力,最终成就了"中华第一罐"。

解密难以把握的运动战

运动战是介于游击战和阵地战之间的作战方式,经常有人会把运动战和游击战的某些特点相混淆，以及把运动战搞成了阵地战来打，结果损兵折将，得不偿失。

运动战与阵地战的区别

相对于传统的阵地战攻防方式，运动战显得更加灵活与主动。

运动战摆脱了对防御工事的要求，经常利用放弃己方的工事作为诱饵，引诱敌军到己方伏击圈内，并利用敌军占领地区后分兵前进的机会包围。由于运动战对除地理因素以外的条件适应性很强，一旦敌军发现自己的行踪，也可以尽快利用地形进行转移，被包围的可能性比阵地战要小很多。

原叶茶就是标准的阵地战，如果原叶集中兵力攻打现代渠道或者传统渠道的其中一个，集中火力在某些特定城市，并且集中推广销量最大的一个单品，就是打运动战，而不是阵地战了。也许，可口可乐花了四五年时间准备原叶茶的策划工作，是有自信可以与茶饮料市场上的几大强敌正面开战。

运动战与游击战的区别

很多人认为游击战和运动战是一回事，实际上游击战与运动战各不相同，最大的区别是对战争的影响。运动战是利用大兵团伏击消耗有生力量的一种决战方式，对战场的形势有较大的决定性；而游击战则是小规模部队（一般远小于运动战所投入的兵力）的袭扰，一般多为主力决战前的战术性准备，对战局的影响一般不大。并且，游击战本身调用的战斗力量很少，因而在机动灵活、时机选择上要比运动战方便很多。运动战更注重进攻，游击战大多是以骚扰、袭击为主。

娃哈哈推出宋都凉茶时，几乎没有做什么广告，只是在很少几个局部市场试点推广。这个就是典型的游击战风格。当发现罐装凉茶市场不容易攻打时，就立即撤退走人。由于打的是游击战，成本代价很低，所以娃哈哈并没有很大损失。

几年后，娃哈哈的凉茶卷土重来，切中金银花这个分化凉茶品类。这次公司投入了更多的兵力，集中了优势兵力在瓶装金银花上，同时投放了大量的广告，进入了更多的渠道和终端，这个就是典型运动战的侧翼进攻了。先以游击战的方式推宋都凉茶，试探一下市场，把前期损失降到最低；等到后来时机成熟，再用运动战的方式，集中兵力主推瓶装金银花，从侧翼攻打凉茶市场。

如何打好运动战？

运动战结合了阵地战和游击战两者的优点，能承上启下。对于企业来说，实力再强大，也不能在每个产品上市时都打阵地战。有些饮料是小众的高端产品，就只能打游击战。比如，可口可乐最新的高端功能饮料酷乐仕，在北京和上海就只是用游击战的方式来推广，一开始基本只是在专卖店和很少的几类高端通路里销售，也不打什么广告。等到时机成熟，消费者接受了这个新品，酷乐仕会进入更多的渠道和终端，适当投放一些针对目标群体的媒体，就从游击战上升为运动战。

本书作者的建议是：小企业在成长阶段，先打游击战；积累了经验之后，再打运动战；有了成熟的销售团队和市场部，渠道稳定了，产品被消费者接受了，才可以打阵地战。

第6章

阵地战，集中力量的正面对决

阵地战是战争中最具决战性质的作战形式。阵地战，就是在坚固阵地或野战阵地上进行的防御作战，以及对坚固阵地或野战阵地防御之敌的进攻作战。

营销中的阵地战，表现为企业全面出击、全线扩张、全国招商、全渠道铺货，地面推广、网络传播、公关等沟通方式全方位投入，全面高举高打，勇敢地向竞争者防守严密的 KA、餐饮、流通等渠道阵地猛烈攻击。

在凉茶行业，加多宝在 KA 和餐饮都有着很好的客户关系，能在货架上争取到整齐漂亮的货架陈列，后来者想要进攻，必须付出更大的代价。霸王凉茶、顺牌凉茶、邓老凉茶都一开始用阵地战的方式进攻，付出了惨痛的代价。广药收回王老吉品牌后，认为自己拥有了"中国第一品牌"，便迫不及待地向加多宝的餐饮阵地、KA 阵地猛烈攻击，也是首战不利。

在当今竞争愈来愈激烈的市场中，较量与厮杀无时不有、无处不在，有实力的饮料企业和凉茶企业不妨学学军事上的作战法则，打一场漂亮的"阵地战"。

第一条作战原则：没准备，没把握，没实力，不打阵地战

"不打无准备之仗，不打无把握之仗"，这是营销战中的常胜秘诀，或者至少可以看成是企业的不败法宝。

在残酷的战争当中，是没有百分百保证胜利的作战方式和谋略的。打营销战，失败的概率要高过战争。

《孙子兵法·计》篇云："夫未战而庙胜算者，得算多也；未战而庙算不胜者，得算少也。多算胜，少算不胜，而况于无算乎！吾以此观之，胜负见矣。"

每一个企业在打营销战之前，他们的最高统帅（CEO）、将军（营销负责人 CMO）、参谋部（市场部）都很有信心，认为自身的营销计划做得不错，如果能够按计划执行，是能够去进攻强敌，抢夺市场份额的。甚至很多公司还请了国内外著名的策划公司、广告公司为其提供营销战略上的建议。

人们曾经一度非常好奇，为什么凉茶和饮料行业的新品失败率那么高？

我们也见过很多饮料企业的营销策划方案，包括策划公司、广告公司给出的品牌方案、营销咨询建议案。看完之后，啼笑皆非。

举个例子，很多策划公司和广告公司都会给出所谓的实际操作建议，往往是类似这样的建议，如"做好凉茶的终端生动化陈列"，并且举了一些知名品牌的生动化案例。对于很多刚进入饮料或凉茶行业的企业领导人来说，会觉得很有道理。

可是，在真实的竞争环境中，终端生动化是很难做到的，对于新品上市来说，终端生动化就属于没把握的事情。

以凉茶为例，一般都是以单品形式上市的，当你既不是知名品牌，一开始也没有销量的情况下，哪个超市或者小店老板敢给新品很多陈列面？就

算你给得起陈列费用,难道王老吉和加多宝给不起?何况,红罐王老吉在很多小店一个月就可以销售数十箱、上百箱,一个月给小店一百元甚至数百元的陈列费(一般是货抵费用)或者送一两箱作为"生动化"的费用,其费用占比是很低的,但是对于新产品米说,这个费用就很高了。KA和餐饮店的生动化,更加难操作。

再举一个例子,一个营销作战计划出台前,应该做很多市场分析工作,策划公司和广告公司也会帮助企业做很多分析工作。可是作者发现,策划公司和广告公司的市场分析部分多以消费者分析为主,对于竞争分析得非常少,甚至是严重缺乏实战竞争层面的深入分析,特别是对竞争对手的营销战略、战术的优劣势分析得很浅、很少。

所以,这样出台的营销作战计划,在残酷的营销战场上打胜仗的概率是很低的。

太多企业的市场策划方案都是属于自娱自乐的方案,基本都是没把握、没做好充分准备的。外表看上去是一个很华丽的计划,但实际上肯定执行不了,或者没法按时完成,其实是就是空想,是没有准备充分。

在饮料行业的一二线城市,可口可乐、康师傅等已经建筑起了坚实的阵地;在下一级城镇,娃哈哈用联销体构筑起了一道道防御阵地;在凉茶业,加多宝也早已修建好了一流的防守工事。

那么,什么样的企业才能打阵地战?

谁敢向当年市场占有率第一的果汁统一鲜橙多发起阵地战进攻?

——可口可乐的果粒橙。

谁会直接对市场占有率第一的娃哈哈营养快线发起正面进攻?

——可口可乐的果粒奶优。

谁能同时向茶饮料市场的三大巨无霸——康师傅、统一、娃哈哈展开规模空前的进攻?

——可口可乐的原叶茶。

所以，如果你不是饮料市场的巨头，没有身家过百亿的实力，那么最好还是不要轻易打阵地战。贸然向行业巨头开展阵地进攻，地球人都可以预料到会有多悲惨的结局。

作为初创阶段的饮料企业——哪怕是某一个大集团下的饮料事业部也一样——一开始时都将面临人员数量少、市场策划能力差、敌我力量悬殊大的情况，根本不具备打多个渠道、多个区域、多个产品同时出击的阵地战等大规模进攻作战条件。如果不顾客观条件，硬要与敌人开打阵地战，拼命投电视广告，招聘大量销售人员和终端促销人员，最后只会导致自身的失败。

潘高寿、上清饮、念慈庵、万吉乐等凉茶新品，以及K可人参饮料当年都在电视上投放了数以千万计甚至亿计的广告费，在全国招了大量的销售和促销人员，但回款额还不够支付这些费用，可最终连王老吉、力保健等对手防线的一个缺口都没有撕开。一年之后，反而是可口可乐的原叶茶花费了同样的广告费，却一举打开了茶饮料市场，撕开了康师傅、统一、娃哈哈已经布好的阵地防线。

同样是阵地进攻，为何差距这么大？

潘高寿、上清饮、念慈庵、万吉乐、K可饮料等虽然各具实力，但其饮料事业部当初都是新成立的公司，全国的市场网络尚未建立起来，销售团队也没有组建完整，市场部也还在搭建中，各方面还没有磨合好。在这样的情况下，贸然投入重兵于电视广告，就相当于在缺少步兵、缺乏优秀参谋部的支持下，妄图只用强大的空军来解决战斗。更何况，你的空军是否强大，不是由广告费的多少决定的，而是你的广告炸弹是否能准确有效地击中目标消费者。

相比之下，在推出原叶茶之前，可口可乐已经在中国市场上投入了数以亿计的资金，每个一二线城市的传统小店和现代商超中，都已经铺满了可口可乐的冰箱和POP广告。在大家看到原叶茶的电视广告、户外广告、网络广告之前的数周,可口可乐就已经通过它的强大分销能力和密布全国的渠道,把原叶茶铺进了全国大大小小数以百万计的终端。在强大空中广告火力投放的同时,可口可乐也已经在各大城市提前准备好了周密的地面推广活动,如试饮、路演、有奖促销等。

阵地战,说到底是一场立体化的三军协同作战。如果妄想在没有强大陆军(销售人员和分销商)和优秀的作战参谋部(市场部)的配合下,靠空军拼命丢炸弹(空中广告狂轰滥炸)来赢得市场份额(获取消费者的认同并转化成购买),战争的结局一定是惨败。

霸王凉茶就是一个 MBA 式的典型阵地战案例,其一上市就鲁莽地开打阵地战——空中广告,地面促销,全国招商,高举高打。然而在凉茶业,凡是用阵地战方式向王老吉进攻的新品牌,结局全都是壮烈阵亡。

霸王凉茶用阵地战的方式进攻,在上市的第一年就取得了近 7000 万的业绩,对于一个凉茶业的新军算是非常不错了。而在第二年,霸王凉茶销量突破 1 个亿,达到 1.673 亿,但营销费用却比销售额更高,达到 1.706 亿,使得霸王集团总部不敢再继续这样"烧钱"下去。这种营销战打法,简直就是"杀敌三千,自伤六千",投入与产出完全不成正比。且不说杀敌,霸王凉茶这种阵地战方式,简直就是"玩火自焚"。

这种阵地战的作战模式,销量冲得快,但是下滑得也快,霸王凉茶第三年的销量就下滑到只有 0.176 亿,但之前跟 KA 签的协议要继续执行,为了经销商和股民的信心,空中广告还得继续投放,这样一来,又接着亏了 1 个亿。

阵地战模式,在高销量的外表之下,其实是靠高额费用透支市场而来,加上销售管控不力,很容易发生费用流失和贪腐等问题。

因此,如果没有十足的把握和准备,千万不要打阵地战。

第二条作战原则：多兵种及优势兵力协同作战

《孙子兵法·谋攻篇》曰："故用兵之法，十则围之，五则攻之，倍则战之，敌则能分之，少则能逃之，不若则能避之。故小敌之坚，大敌之擒也。"对于凉茶和饮料企业而言，兵力除了指销售人员、经销商数量外，也指企业所能调动的资源，如财力、物力。

如果你真的对自己的企业实力很有信心，认为可以向娃哈哈（年销售额近700亿）、可口可乐（中国近400亿，全球2000多亿）、康师傅（饮料300亿，方便面300亿）、王老吉（200亿）、统一（饮料140亿）、百事可乐（100多亿之间）等饮料巨头发起正面进攻，那么你可以尽情地打一仗。

这里必须强调一点，如果开打阵地战，一定要提前做好海陆空三军的协同作战计划，以及集中数倍于敌人的优势兵力。

因为你的竞争对手，大多已经有了坚固的防御阵地：消费者心智认知、终端网点高铺货率、生动化陈列、渠道客情、上亿乃至数十亿的营销费用。如果你没有合理的战略、优秀的战术、压倒性优势的军队、先进的营销武器开展进攻，那么首先"阵亡"的就会是你自己，而不是你的敌人。

多兵种的协同作战，这句话也可以换成营销界近年来最热门的一个词语——整合营销。

请注意，"整合营销"跟"整合营销传播"是两个不同的概念，"整合营销"虽然少了两个字，但意义却更广。

整合营销包含两层含义：

第一层，各种营销职能战术——市场调研、定位、人员推销、广告、产品管理等，必须彼此协调整合。

第二层,公司其他部门必须在以市场营销为导向的观念下整合统一起来。营销不是一个部门的工作,而是整个公司的综合运作,需要品牌部(市场部)、销售部、财务部、人资部、运营部、研发部同心协力。

原叶茶饮料就是一个经典的用整合营销开展阵地战进攻的案例,这一战术使康师傅和统一的茶饮料销量在当年大受影响。

原叶茶饮料从奥运会之前的2月份开始就在全国各地陆续铺货,4月正式在全国30个省市同时大规模亮相。3至5月是可口可乐原叶茶饮料的重点宣传时段,可见它是在奥运前就展开宣传攻势来强推其新品的。而且,原叶茶一出来就是有正式商标的,证明其商标注册准备工作在四五年前就已开始,可见其用心良苦、筹划已久。

可口可乐公司几乎整合了研发、市场、品牌、销售、财务等诸多相关部门的精力和智力,彻彻底底地打了一场漂亮的"海陆空"三军结合的阵地战。

在营销上,可口可乐公司投入大量人力物力对产品上市进行精心策划,迅速制造高识别、高辨听、高传诵的"三高"传播效应,让竞争对手根本来不及响应。

在代言人方面,可口可乐公司沿袭了茶饮料巨头——统一和康师傅新品上市必请形象代言人的成功经验,花巨资邀请国际巨星成龙及其儿子房祖名代言原叶茶,透过他们健康的形象来传递原叶"鲜爽茶滋味,原叶100％"的品牌形象。

在广告传播上,可口可乐在全国30多家卫星电视和地方电视上投放广告进行多次滚动播出,基本覆盖了大部分地区的黄金收视及高收视时间。通过这一高关注度的明星代言广告的频繁播出,原叶"鲜爽茶滋味,原叶100％"的口号迅速变得路人皆知。

在推广方面,可口可乐公司启动了在全国范围内对3400万人群进行免费派样试饮、覆盖30％左右的目标消费者的庞大计划。这个计划在饮料行业里可以说是史无前例的阵地战规模,足可见可口可乐对获取全面进军茶饮料市场最后胜利的战略野心。

为了保证推广促销活动的成功,可口可乐在所有促销活动的细节上对整合营销传播的理念进行了彻底的贯彻:在这次庞大的试饮中,不但在包括陈列架、纸杯、派发工具等所有物品的 VI 都与电视广告进行了统一,而且还让所有负责派发的促销人员在活动执行过程中都戴上了成龙及其儿子房祖名两位代言人的特制面具,极大地加深了消费者对原叶茶广告的印象。

在公关方面,在海口举办了主题为"和谐社会,100％健康生活"的可口可乐原叶茶生活榜样爱心义卖大型公益活动;原叶上市后的第一个月,在南京所有的超市内,消费者每购买一瓶原叶茶饮料,可口可乐就捐赠 0.2 元给南京市园林局,用于南京的绿化建设……类似的公益活动在众多的城市举办,"取之于消费者,回报于社会,投身于公益事业",可口可乐在原叶上市中运用公关营销的这一举措不但为原叶品牌赢得了良好的知名度和美誉度,同时也为其在中国市场的成功奠定了坚实的基础。

上市第一年,原叶茶就夺取了 8％的市场占有率,考虑到其竞争者是饮料界的三大巨头,这一成绩已经非常不错了。但仅过了一年,康师傅茶饮料便在全国范围内发起以"再来一瓶"促销方式为主导的大反攻,夺回了不少阵地。

广药收回王老吉之所以首战失利,就是因为当时广药的销售队伍数量与质量、市场部的饮料业经验,都不如加多宝。广药一开始就跟加多宝打阵地战,是不明智的选择。

第三条作战原则:先打农村或中小城市,后打大城市

中小企业要采取"农村包围城市"的战略,尽量先攻占敌人力量薄弱的

小城市和广大乡村。这是由于全国的一二线大城市，基本都有可口可乐、百事可乐、康师傅、统一、加多宝、广药王老吉、红牛、汇源、怡宝等品牌的重兵把守。华东的一二线城市还有日本的麒麟、三得利、朝日，台湾第一品牌黑松饮料，上海本地的天喔、正广和屯兵驻扎。华南的一二线城市则要加上香港维他饮料集团、新加坡杨协成饮料、香港鸿福堂、香港东一堂、台湾的泰山饮料等有实力的企业。

十多年来，我们亲眼目睹了一出出饮料行业的悲剧上演。

无数的饮料新品因为急功近利、不自量力，一上市就先攻打大城市，盲目进入大型 KA 超市系统，阵地战多面出击，最后自然是快速阵亡。

同理，对于很多有一定实力的企业来说，与其在大城市白白损兵折将，不如把战斗力转移到广大的农村市场或者三四线城市，去那里建立属于自己稳固的根据地。娃哈哈、今麦郎、达利的和其正都做到了这一点。

娃哈哈曾在上海市场攻打了十多年一直没有攻下来，中间打打停停，直到后来推出了营养快线，才终于攻下了这个大市场。如果这十年娃哈哈一直花重兵攻打上海，而不去开拓广大的农村市场，其下场难免跟乐百氏一样。

现在，娃哈哈的非常可乐在一线大城市已经基本找不到了。因为这几年娃哈哈在大城市几乎不再推广非常可乐，它的根据地已经转移到农村去了。

以娃哈哈的实力，在大城市寻找非常可乐的经销商和建立分销网络其实是很容易的。但是，大城市是"两乐"重兵把守的前沿阵地，根本就没有其他可乐品牌的生存空间。有全球第一大饮料企业可口可乐和第二大饮料企业百事可乐的双重阻力，非常可乐在一线大城市很难与其展开正面对抗。从一开始，非常可乐就是直奔农村市场而去的，并稳稳当当地占领了农村市场，成为当地的领导品牌。

当年很多的"营销专家"和亲美派都评价非常可乐"非常可笑"，他们说可口可乐和百事可乐是美国文化的代表，非常可乐太土、太没文化底蕴，不会被消费者接受。十多年过去了，非常可乐越打越强，销量和利润都再创新高。倒是百事可乐在中国亏损得一塌糊涂，快撑不下去了，被康师傅收购了其中国的业务。

中国很多纸上谈兵的营销专家们，特别是营销理论派，太缺乏一线的实战经验，以及对营销理论和案例的深入研究。这次百事可乐被康师傅收购一事，相关的评论文章就比当年非常可乐的评论文章少了很多。因为纯粹从品牌定位的角度来解释的话，理论派的专家们完全解释不通。倒是娃哈哈的宗庆后很早就预言了百事可乐的今天，他当年就认为百事可乐的阵地战打法，花费太多，难以长期持续。

中国饮料企业营销渠道模式主要有四种典型模式。

一是可口可乐、百事可乐的直营体系模式，主要目的是直接控制终端，把经销商变成物流配送商。娃哈哈认为，这种模式适合欧美，但不适合中国，虽然市场基础扎实、控制力强，但成本太高，以一二级市场大城市为主要目标，难以辐射到广大农村地区。

二是早年健力宝、旭日升的批发市场模式，这种模式，在当年帮助健力宝建立了遍布全国的分销网络和渠道，使之成为一代饮料霸主。可惜，后来，两乐、统一、康师傅的直控终端，导致健力宝在城市销量下滑；而娃哈哈的联销体，则又抢占了健力宝在农村的市场份额。两面夹击之下，导致健力宝和旭日升大败。

三是统一和康师傅兼顾了直营终端体系模式和批发市场两种模式的优点，也希望学习可口可乐，以直接控制终端为主，当年康师傅曾花重金请国际咨询公司打造了这套方案，其比较适合一二级城市，也是很难全面覆盖农村。

四是娃哈哈的联销体模式。联销体基本构架为：总部—各省区分公司—特约一级批发商—二级批发商—三级批发商—零售终端。由于广大的农村市场零售点分散,分布区域较大,通过联销体内的经销商的力量,可以有效渗透,形成农村市场的局部优势。从饮料王国来看,可口可乐和百事可乐的实力无人可敌;而统一、乐天、麒麟、三得利的实力也是不逊于两乐。这些对手的整体实力和经验都强过娃哈哈,但是,农村市场是有自身特点的。联销体模式打造出了有中国特色的渠道分销网络,帮助娃哈哈傲视群雄,在广阔的中国乡村饮料战场,纵横驰骋。

宗庆后转攻一线城市,则主要通过两种产品和两个阶段。

两种产品:一是当年推出新品功能饮料"激活",激活了大城市市场;二是最近几年主推的"营养快线",真正攻下了城市饮料市场。

两个阶段:第一阶段,从最初建立起的"联销体"——在农村市场、三四线的小城市建立起娃哈哈的通路优势。通路下沉到了县级经销商,打造出了号称全国第一的饮料联销网络。第二阶段,娃哈哈发动"三全战役"。"三全战役"是反攻一线城市,准备逐步开始决胜终端。这是一场针对两乐、康师傅、统一的阵地大决战,尤其在大城市的市场终端,开始加强终端促销的力度。全面开发市场、全面开发品种、全面启动市场,娃哈哈人称之为"三全战役"。这意味着,一向以农村为主要市场的娃哈哈,展开了"攻城"阵地战。

娃哈哈集团 2012 年的整体营业收入达到 700 亿,利税超过 100 多亿,远远把两乐、康统甩在身后,成功地先打下了农村和中小城市,然后反攻了一线大城市。

阵地战不是谁都可以打

不到决战的时机,没有阵地战的攻防实力,就要避免阵地战式的决战,可以采用连续的运动战,逐步改变敌强我弱的状况,为最后的战略决战创造条件。当然,时机成熟的时候就要当机立断,迅速展开阵地战决战。

可口可乐用近五年的时间准备原叶茶的阵地战,试问国内有几个饮料企业有这样的实力和耐心?

就算有这样的实力,风险也非常高。

原叶茶用阵地战进攻,头两年获得了胜利,可是到了后两年,康师傅用全国大规模的"再来一瓶"、买断陈列、排他性销售协议、快速上茶饮料新品开展大反攻,打得原叶茶市场占有率急剧下降。这两年,你还能在终端经常看见原叶茶吗?

今麦郎当年推出饮料,一上来就开打阵地战,各种饮料全方位出击,全国招商和招人,全渠道展开销售,结果第一年便损兵折将。直到后来改成放弃大城市,先攻打中小城市和乡村,才慢慢立足。

本书中介绍的那么多凉茶新品牌,大部分在新品上市时都是用阵地战的方式猛打猛冲,向强大的加多宝和王老吉正面进攻,结果也都是惨败。

加多宝当年一开始时也打阵地战,全国招商,也是惨败。反而在温州用营销游击战的方式,才存活下来。

所以,阵地战不是大胜就是大败,企业还需慎用!

阵地战要想取得成功,很关键的一个前提就是要有足够强大的陆军(销售人员和经销商网络),陆军中还要配备优秀的作战参谋部(市场部)。

全国饮料企业中陆军最强的是可口可乐、娃哈哈、康师傅和加多宝,特别是康师傅,由于其很多年前就提前转型,实行通路精耕,训练了数以万计执行力超强的全国销售队伍,如此强大的陆军使康师傅敢于公开与可口可乐争锋,并且敢于把百事可乐的中国业务收入旗下。

而对于许多中小饮料企业来说,全国性的阵地战肯定打不了,但是区域性的还是可以打打的,特别是如果你在自己的区域内具备了上述的实力和前提条件,用整合营销打一场区域市场阵地攻防战,胜算概率还是不小的。

第三篇

江湖：解密不平静的凉茶业现状

兵者，诡道也。 故能而示之不能，用而示之不用，近而示之远，远而示之近。

——《孙子兵法·始计篇》

第 **7** 章

凉茶江湖的多事之秋

从 2012 年开始，中国饮料行业进入了多事之秋。

康师傅与百事可乐的并购余波未平；康师傅饮料则在 2012 年一季度遭遇收入、利润双双下滑的窘境，这是多年以来的第一次；而可口可乐的原叶茶似乎在终端日渐稀少，经历了几年来销量的大起大落之后，开始展现败退的迹象；汇源本想借赞助《花儿朵朵》全面提升品牌形象和销量，没想到半路杀出一个程咬金，《中国好声音》节目的火爆，导致《花儿朵朵》和汇源都未能美丽绽放。

同时，这也是凉茶行业不平静的年份。加多宝与广药的"王老吉"商标争夺大战波澜再起，这当中自然会有不少的经销商、销售人员、市场人员受到影响。对消费者而言，选择正宗凉茶配方的"加多宝"，还是选择正宗品牌"王老吉"——两者拥有相似的红色罐身、相似的配方和口感、相似的广告，绝对可以算得上是同门兄弟之争——这真是一个影响消费者选择的大难题。

夏枯草事件

凉茶江湖的风波，并不是近年来才开始，其实早在几年以前的"夏枯草"事件，就已经暗波涌动。

"夏枯草"风波始于一个自称某品牌营销策划人所撰写的博客。博客中该策划人称，自己因饮用王老吉而引起胃溃疡，其主治医生认为，胃溃疡与其经常喝王老吉有关。该博主认为王老吉包装和广告误导消费者，称将起诉王老吉。于是，喝王老吉引发胃病的文字被大量转载，并引发大量讨论。

随后，在一次卫生部举行的食品添加剂专项整治工作情况发布会上，某相关人士表示，王老吉中含有不在卫生部允许范围的中药材，直指其配方中的夏枯草等原料。这样一来，便引起媒体更大量的广泛报道，甚至全国部分超市准备下架王老吉凉茶。

几个月后，卫生部公布了第三批新资源食品目录，其中包括夏枯草、布渣叶、鸡蛋花三种凉茶原料。这意味着加多宝集团等凉茶生产企业可以合法地使用以上原料。至此，"夏枯草"事件才告一段落。然而，这究竟是一起偶然事件，还是有利益集团在幕后操纵，至今仍是一个巨大的未解之谜。

事实上，"夏枯草"或许只是所有事件中的九牛一毛而已。

虽然，加多宝公司在此过程中合理利用公关策略四两拨千斤，短时间内便将危机化解，但事件本身所产生的惯性影响仍然持续了不短的时间。有消息称，当年王老吉因为夏枯草事件在部分市场受到影响，销量明显下滑，加上金融危机等因素影响，王老吉当时的各月目标达成率均低于预期。虽然媒体上不断报道加多宝的销量年年递增，都是不断刷新100多亿的新纪

录,但其真实性无法考量。而根据广药最新给出的数据,他们认为加多宝从
2011 年 5 月到 2012 年 5 月同期的销售额只有 75 亿,这或许才是比较真
实的。

在过去的 10 年里,中国饮料界所最不能忽视的黑马现象就是红绿两家
王老吉从 1 亿到超过 200 亿的成长神话。这种势头不免令人嫉妒、惊愕乃
至恐慌。

看来,王老吉的崛起确实实实动到了巨头们的奶酪。可口可乐甚至高
调大手笔推出其收购的香港凉茶品牌健康工房,但不久就遭遇了滑铁卢。
而百事可乐对凉茶新品亦已筹谋已久,但前几年迟迟未见推出产品,好不容
易折腾出了一个草本乐凉茶,却在营销推广方面乏力。而来自台湾阵营的
康师傅和统一对凉茶产品亦是讳莫如深,旺旺集团虽然推出了老翁凉茶,但
多年来销量亦难见提升。

传统巨头们似乎在凉茶市场江郎才尽,毫无办法。但在相对平静的外
表下,却是暗潮涌动。"夏枯草"事件在短期内闹得满城风雨,真的只是其表
面上看起来的那么简单么?

加多宝与广药的同门之争

最早的饮料市场是整个凉茶品类与碳酸饮料品类、茶饮料品类、果汁饮
料品类之间的竞争。后来,局面逐渐演变成各个新加入的凉茶品牌与红罐
凉茶王老吉之争。而如今,市场则变成王老吉与加多宝这对孪生兄弟的自
相残杀。

自 2003 年以来,红罐凉茶王老吉开始风靡全国,在经历地震捐款事件
之后,更是当仁不让地成为中国饮料第一罐,也顺理成章地被看作新一代中

国民族饮料品牌的扛大旗者。但是，枪打出头鸟，王老吉的成长过程也绝非一帆风顺。其中，充满着羁绊。

当备受关注的"王老吉"商标之争落下帷幕，这起"中国第一商标案"的最后结果是把"王老吉"商标判给了"二妈"广药集团；真正意义上王老吉的"亲妈"王泽邦家族、"三妈"兼"养母"的加多宝集团则两手空空而归。

在之后的媒体见面会上，面对300余家全国各地的媒体，加多宝表示"深感失望与遗憾"，但对于销售情况，加多宝表示有信心，"对于快消品来说，口味是消费者选择的决定性因素"。加多宝集团品质管理总经理庞振国称："加多宝自始至终真正拥有'凉茶创始人'王泽邦先生祖传秘方。"而此前，广药方面在接受媒体采访时却称"凉茶配方没什么专利，不存在秘方问题"。秘方真的存在吗？它能令凉茶有多大的不同？商标之争后，神秘的"秘方"之争又浮出水面。

与此同时，又有传闻称广药高薪挖加多宝的销售团队，在网上公开宣称招募3000人的销售团队。加多宝为了防止被人挖墙脚，拼命给销售团队加薪。如果不出所料，接下来，广药和加多宝还会就人才、渠道、营销方式等纷争不断。

实际上，广药也知道要在短期内接手100多亿的盘子，难度是非常大的。

企业经营不是管理学书本上的"1＋1＞2"那么简单，也不只是很多营销理论派吹嘘的有个好的品牌定位就包打天下这么容易。

100多亿的营业额，广药必须建立分布在全国各地的数个工厂及数十条生产线，新招上千名工厂员工，拥有遍布全国的数千甚至上万人的销售队伍，有效掌控数十万的销售终端，有一个能合理花掉数亿品牌费用的市场部……以上这些，广药都没有经验，甚至也没有多少时间来系统思考如何解决问题，就被逼上梁山。

但是，从另一个角度而言，由于有了广药收回全国第一品牌"王老吉"的这一大利好消息，加上之前就传出的广药和白云山的合并，在资本市场上，广药和白云山的股票纷纷大涨，从几元涨到几十元，庄家已经轻松获利过百亿。之后，股票筹码在高位换手，追高的散户们则纷纷被套牢在高位。

而随着广药在商标之争中的胜出，加多宝与广药在终端又展开了一场生死相搏。媒体上不时有消息传出，广药与加多宝的一线销售人员，为了抢陈列、贴海报，在终端大打出手，甚至发生群殴流血事件。

而不甘坐以待毙的加多宝，其奋起反击第一战便是《中国好声音》。无疑，加多宝和陈鸿道幸运地打赢了。从市场调查的数据来看，加多宝一跃成为了凉茶的新领导品牌。

凉茶的江湖，乐观还是悲观

众所周知，凉茶是一种介于药和饮料之间的产品，现在凉茶能作为饮料而流行，绝对归功于红罐王老吉和加多宝集团多年来的普及教育作用。业内开始真正关注凉茶是在 2004 年以后，也就是红罐王老吉的崛起时刻。现在，资深饮料人士真正关注的是凉茶能否成为一个新的品类，进而成为中国饮料龙头，以传统中国饮料的领导品类身份走向世界，成就中国饮料人几代以来的梦想！

凉茶到底能否承担起这一重任呢？

从整个行业来看，广东凉茶产销近 700 万吨，并继续向省外和海外扩张。尽管这几年国际金融危机袭来，但是凉茶产业的产量依然保持 30％左右的年增长速度，没有任何下降的趋势。

我们可以大胆预计，未来几年凉茶产业依然会保持 30％的年增长速度。尽管相对于往年超过50%的增长率有所放缓，但在基数较大的前提下，绝对数据仍十分可观！

2013年凉茶产销量将达1200万吨，届时将赶超可口可乐的全球销量。同时，凉茶铺数量也将达到2万家，超过星巴克全球门店数，成为全球最大饮料品类产业。

正如我们所知的，早在几年前，凉茶的销量已经超过了可口可乐在中国的销量，并且每年保持了30%以上的快速增长，远销50多个国家和地区，特别是红罐王老吉，还在全球10个国家建立了经营公司。与此同时，香雪上清饮凉茶、白云山口炎清凉茶在巴西、菲律宾等国家都建立了销售基地，凉茶已经成为食品产业主要利润和税收贡献点之一。2013年，凉茶预计将外销到超过100个国家。这已经不仅仅是凉茶产品本身的渗透，而是中国传统文化在全球的开花结果。

尽管如此，多名凉茶业内人士认为，虽然产量高速增长，但对具体的企业来说，特别是主推罐装凉茶的企业，除了王老吉等少数企业，真正盈利的并不多。

广东大概有成百上千个凉茶品牌，其中鼎盛时期在广州就大约有上百个品牌，包含批量生产凉茶颗粒的药厂和生产罐装、瓶装、盒装饮料的企业，但真正靠凉茶盈利的企业凤毛麟角。我们从一线了解到的真实情况是，除了领头羊，整个凉茶罐装行业几乎全面亏损，很多企业连工资都发不出。

在罐装凉茶这块市场，王老吉占据了70%以上的份额。这几年，不断有企业进入凉茶市场，可惜最后都是无功而返，还赔上了不少老本。

我们认为，企业进入凉茶行业的心态是决定最终成败的关键。

纵观这些前赴后继的企业，进入市场的时候多半都采取高举高打的姿态，幻想像王老吉一样风光无限，一夜暴富。结果，由于心态过于激进和投机，导致目标过高，在遇到初期投入大、产出少的导入期困局时，就慌了手脚，很多企业不得不草草收兵，绝口不提"凉茶"二字。厂家赔了夫人又折兵，也害惨了一群饮料经销商。

凉茶确实是一个非常诱人的行业，主要品牌只有一家企业，规模超过百亿，几乎垄断整个市场，每年还增长30％以上！按照定位理论，应该会有第二品牌的机会。可是，现实确实是一"王"独"红"。凉茶到底还有没有机会？为什么做个第二、第三这么难！这是很多人都在问的问题。

凉茶行业的成熟，难度并不在于营销战略和战术等技术层面因素。

首先应该是企业心态的成熟度。不懂饮料和凉茶行业的外来企业，或者有的仗着做药的背景，还带点血缘关系（同一个集团旗下），幻想挖几个高级职业经理人，利用雄厚的资金实力，就能做到行业第二的位置，赚个超额利润，最后他们在现实面前都得到了应有的教训。典型的几个案例有上清饮、潘高寿、念慈庵、万吉乐、三九下火王、本草蜜等。

上清饮起初广纳王老吉、康师傅、可乐的营销经理人，幻想快速获取渠道优势，占据老二位置。产品上市初期，上清饮就展开了迅雷般的市场攻势，2006年起以餐饮渠道为主攻，辅攻网吧、学校等特殊通路，市场启动铺天盖地，推广费用高开高走，坚持了一年。中间还一掷千金赞助深圳足球队，怎奈销量也像中国足球一样，失望多于希望，销售费用多于销售额。

上清饮痛定思痛后，与2007年寒冬至2008年开春期间，对原经营团队进行了一次洗牌，引入了一批原健力宝的职业经理人，并与健力宝建立战略合作关系，共享健力宝渠道平台，导入健力宝管理模式，希望能东山再起。但治标不治本的营销模式转变并没有给上清饮带来实际的销量提升和利润产出。2008年其销量不足百万箱，亏损却预计高达数千万。

上清饮失败的另一个原因在于用人不当。据了解，其第一批招的经理人，很多都是加多宝早期的员工，但他们并未真正理解红罐凉茶王老吉成功的根本内因，而是都盲目地以为企业应该高投入才有高产出。这种思维导致上清饮在不具备成熟条件时就猛打阵地战，企业巨额投入打了水漂，留下一堆烂账和经销商仓库里塞得满满的临期货。这种盲目的阵地战高举高打的思维不仅透支了企业财力，也影响了凉茶行业的健康发展。

前车之鉴，未必被后人引以为师。

潘高寿、念慈庵、霸王集团不顾上清饮的教训，营销模式上也走了同样的老路，甚至用了同类型的职业经理人，请打阵地战的营销将领来指挥游击战，思维上就注定了失败。在品牌成长期盲目照搬品牌成熟期的营销作战方案，亏损自然是意料之中的了。

唯有抛弃本身浮躁的心态，作好稳扎稳打的准备，从策略上作出调整，才是走向成熟的第一步。对于众多的凉茶中小企业或者想进入凉茶这个江湖的外来企业来说，这样的分析也许有点悲观。但是，整个凉茶江湖的未来发展趋势，无疑是乐观的。

第 8 章

凉茶营销大战

当我们把视角扩大到整个凉茶业的营销竞争时，便能够对整体的凉茶营销战有一个宏观的认识和清晰的脉络，也可以进一步了解凉茶江湖的恩怨情仇。

王老吉虽然是凉茶业的始祖，但是在加多宝公司租赁王老吉品牌之后，发展之路也不是外界想象的那样一帆风顺，中间更遭遇过无数强敌的进攻。

凉茶后来者对王老吉的进攻

第一轮：春和堂的进攻

第一个勇敢地向红罐王老吉发起正面阵地战进攻的，是黄色包装的春和堂。

渠道始终是饮料企业的生命线，可以说，得渠道者可得半分天下。但渠道客户多半出身代理商,缺乏整合营销能力,对消费者研究不足是导致这类产品没落的主要原因。

春和堂依靠其多年经营饮料及酒类产品建立的成熟渠道体系,迅速打开了销售网络。春和堂的老板与加多宝老板有着很深的渊源,而且加多宝的前身亦是代理起家,可以说春和堂老板是看着红罐王老吉被加多宝一步步做大的。

本来,春和堂是很有机会成为行业老二的,事实上其在第二的位置上也待了一段时间。可惜,用阵地战的模式向行业老大进攻,悲剧总是不可避免的。

早在 2004 年王老吉开始销量增长,渠道经销商普遍开始看好凉茶饮料市场时,春和堂就以仅次于王老吉的推广力度,采取高举高打和人海战术进行阵地战市场进攻。春和堂认为王老吉的弱点在于无药味,想以"正统的凉茶,药性实在"来差异化诉求,将自己定位为真正的凉茶。

然而,消费者对其略苦的"正统的凉茶"口味并不买账,而其后来打造"健健康康,春和堂"的品牌定位与消费者购买心理也毫无关系。

春和堂在初期获得了众多经销商的追捧——很多以前因轻视王老吉而痛失经销权的经销商,将美丽的发财愿望寄托在第二品牌"春和堂"上。春和堂在新品推广初期如入无人之境,风光无限,在渠道上不断攻城掠地。

但是,上市半年春和堂就在疯狂膨胀中陷入了"渠道大量压货—回转困难—为业绩加大渠道促销—再压货—渠道杀价—产品价格崩盘—渠道无利润—渠道商拒绝进货和销售"的恶性循环中。

综合来看,春和堂的问题有三点:

第一,产品定位模糊,未能真正找到王老吉的对立面。包装颜色虽然有对立,但是在品牌定位和广告诉求上并无实质性的对立。这一点,后期的万吉乐则真正做到了跟王老吉"势不两立"。

第二,品牌运作混乱,这也是代理商出身的企业做产品的弊病,重销售、轻市场,会渠道压货,不会终端动销。

第三,销售管理粗放,对市场的销量期望值过高。做市场销量不能只靠豪气,初期渠道招商的成功并不能说明产品已真正立足,粗放式的管理在市场遇到阻力时必然会导致混乱。

春和堂目前退守广西和广东的部分二三线市场,还有点销量,只是想卷土重来争取老二的希望越来越渺茫了,如今和其正、广药王老吉的销量已经是春和堂的数十倍甚至上百倍了。

另外需要补充一点,在春和堂之前,二十四味凉茶几乎和王老吉同时起步。二十四味凉茶也是少数几个能盈利的凉茶品牌之一,当然,这跟它本身能帮其他企业贴牌生产、自有产品多、费用分摊小也有关系。很早以前,二十四味凉茶的母公司一直帮王老吉做代工生产。后来,红罐王老吉和二十四味为了包装打了一场官司,二十四味输掉之后,元气大伤,母公司也就没有再加大市场费用的投入了,但是直到今天,二十四味在广东市场仍有一定的销量。

第二轮:各大药企的进攻

与代理商出身的春和堂蛮干形成鲜明对比的,是具有较强品牌运作能力和营销经验的药企,但多半也都是聪明反被聪明误,大企业犯大错误。

第二轮勇敢(或者说鲁莽更适合)地进行阵地战进攻、大胆冲锋的是以各大药企为背景的企业。

前面曾举了上清饮(上市公司香雪制药旗下品牌)的案例,而潘高寿、念慈庵、三九下火王、星群夏商菊、万吉乐等,基本如出一辙,都是采取了标准的阵地战进攻方式,用王老吉最熟悉的方式作战,产品一来就主推罐装,推广先猛轰电视和户外广告。

我们常常在户外看见这些企业铺天盖地的广告,在终端却迟迟不见产品踪迹。空中的轰炸效果也落不到地面,这导致广告资源绝大部分都打了水漂,品牌并没有被消费者真正接受,不由令人替这些企业的宣传费用痛惜。

最让人无法理解的是,这些企业的很多罐装产品零售价居然一上市都比王老吉贵,而且随后也没有把价格调低,完全一副自信十足的样子。

当然,某些品牌的营销方式还是有一些亮点的。比如白云山凉茶(属于白云山药业)后来主攻 500 毫升的瓶装和 250 毫升的纸盒产品,并收到了一定效果,使得市场缓慢增长。不过,"凉茶有果味"这个广告诉求实在是反面教材,甚至不如"熬夜,就喝白云山凉茶"的原广告语和品牌定位有力度。

邓老凉茶(属于养和医药,新南方集团旗下)的品牌包装设计、定位和广告语都非常有差异化——"现代凉茶,去火不伤身",只是价格贵了点,而且味道是凉茶中最苦的。当然,邓老的功效也是最明显的。可惜,凉茶之战是心智之战,邓老凉茶的功效虽然是最好的,但大多消费者并不需要可以治病的凉茶。而邓老的最大失误在于没有真正的聚焦点,双线作战,罐装挑战王老吉,凉茶铺挑战黄振龙,虽然凭借新南方集团朱氏家族的财力支持,有段时间两者都做到了前三名的位置,但那也只是昙花一现。制约邓老凉茶未来发展的主要障碍是家族治理与职业经理人的关系问题。

另外,广东医药集团和广东粮食集团联手推出的本草蜜凉茶,用的是绿色的包装,主打 500 毫升和 1.5 升的瓶装,差异化较强。企业也知道自身实力和经验跟行业巨头相比尚有不足,于是放弃了常见的高举高打策略,开辟农村包围城市,开打游击战。虽然销量不高,但至少能够降低亏损额,也不容易了。假如和其正之后没有出瓶装,广粮的本草蜜凉茶还可以多存活几年。

诚然,企业在进入凉茶市场时都想作出完整的品牌规划,想走差异化路线,但也正是这种假差异化害苦了很多企业。这些产品在消费者看来,依然是第二个王老吉。试问,同类的产品(难道你们不是凉茶?)加上同样的价格(很多产品反而更贵),消费者在尝试新产品之后的下一次购买行为自然又习惯性地回到王老吉上了。

第三轮:和其正、顺牌、黄振龙的进攻

凉茶大战跟可乐大战太相似了,对于结果我们甚至都没有兴趣去预测。

在第三轮大战之前,虽然达利(和其正背后的母集团)、瑞年国际(顺牌凉茶背后的母集团)等企业已经明知凉茶战场上尸横遍野、血流成河、白骨累累,但仍然趋之若鹜。

团队无疑是营销战的关键力量。在战场上为祖国存亡而拼杀的战士和为谋求生活费而打仗的雇佣兵,对待战争的态度是截然不同的。

在营销战中,职业经理人和职业操盘手像极了战士和雇佣兵的关系。

而在凉茶市场上,一群看上去似乎富有经验的操盘手大行其道,很多企业正是被他们华丽的履历和针对性极强的谈吐所折服,在创业期都去学习王老吉成熟时期的高举高打的阵地战营销模式,费用很大、效果很小、教训很惨。

达利的和其正、瑞年国际的顺牌凉茶也是被同类型的营销战思维所影响,一上来也是采取标准的正面进攻,大打阵地战。

顺牌的产品线一开始设计得比较长,各种包装规格都有,可是在这个阶段,丰富的产品线对于市场已经不算差异化,反而不够聚焦、缺乏吸引力。高举高打的策略,注定渠道缺乏利润,自然也就没有动力推广新品了。

黄振龙虽是凉茶铺经营的第一名,在推出了包装和口感都颇具差异化

的黄色罐装凉茶后原本是相当具有威胁性的,可惜黄振龙的团队只懂凉茶铺经营,不谙真正饮料行业的奥秘,其运作状况亦是差强人意。

红罐王老吉神话产生的同时,也造就了与王老吉相关的许多从业人员的个人增值。加多宝企业俨然成为了凉茶人才的黄埔军校。很多企业对加多宝企业的人才,尤其是营销人员,大有渴求之势。但他们却有所不知,即便是成功的团队,也是鱼龙混杂。目前,真正加多宝企业的核心高管团队无疑非常稳定。而各跟风企业所能挖角的都是非核心层营销人员,若以区域的经验来管理全盘,犹如普通人走钢丝,危险之极!

第四轮:可口可乐、百事可乐的进攻

在可口可乐、百事可乐开展进攻之初,或许大家都认为唯有这一轮的凉茶战争才是真正高手之间的华山论剑。可是,可口可乐和百事可乐都辜负了大家的期望,它们在凉茶新品的进攻上乏善可陈。论推广力度,两乐还不如和其正、霸王凉茶,甚至不如顺牌凉茶。

当然,也许这正是两乐谨慎出击的表现,不盲目乐观自信,而是小心翼翼地试探。

可口可乐的健康工房、百事可乐的草本乐,都犯了很奇怪的错误。首先是缺乏一个能打动消费者的品牌定位,品牌包装上想传递的信息过多、过乱;其次是营销作战模式摇摆不定,既不像小规模的游击战,也看不出是在打阵地战;第三是大企业病,新品牌的决策比较依赖广告公司、品牌顾问公司等外脑,缺乏有独立创新精神的新品牌上市项目负责人。

两乐等国际巨头,必然不会放弃凉茶这个大市场。虽然可口可乐已经在健康工房上交了学费,但其野心仍然未死,蓄势待发。百事可乐在草本乐的推广上也是出师未捷身先死,在康师傅收购百事可乐中国业务之后的两三年之内,应该不会再轻易推出凉茶新品了。

事实上,两乐这种国际巨头最擅长的是打阵地战,正面进攻,这正是品类领导者最喜欢的营销战方式。用阵地战正面进攻,失败的概率将会非常高。因此在凉茶品类上,无论是可口可乐、百事可乐,还是日本的饮料三巨头三得利、朝日、麒麟,又或是韩国饮料第一品牌乐天七星,都无法对加多宝和王老吉造成真正的威胁。

试想一下,在消费者心目中,凉茶代表着什么? 凉茶是跟什么联系在一起的? 可口可乐的凉茶会比王老吉更好,你信吗?

除非可口可乐收购邓老凉茶、黄振龙、宝庆堂这些二线品牌来竞争,加多宝和王老吉才会开始有点着急"上火"吧。

不过多年来,可口可乐和百事可乐一直在进行草本植物饮料的研发。凉茶其实不算是个大品类,草本植物饮料才是将来最大的一个饮料品类,而这也是中国饮料能够走向世界的根据地品类。其实,王老吉最早的英文翻译名称便是 herbal tea(草药茶)。

笔者者时常与业内人士谈起王老吉的品类方向问题,也与凉茶众多企业相关高层作过深入沟通,常谈论如何参与整个饮料市场的竞争的话题。在这个问题上,企业对凉茶品类、草本植物饮料未来发展趋势的判断是制定策略的关键。

预测这一战的结果,或许是多赢的——多方一起来把凉茶市场做大,最后把草本饮料推向全球。

在未来,凉茶业或许将会面对可口可乐、百事可乐、三得利、朝日、麒麟、乐天七星、达能、雀巢的阻击,而究竟谁能率先迈出国际化的脚步,打赢这一仗呢? 是加多宝,还是广药的王老吉,又或是达利的和其正? 我们不得而知。

但这一战无疑是中国凉茶品牌和企业冲出亚洲走向世界的一战,也必将会更加惊心动魄。

第五轮：霸王凉茶的失败 vs 和其正的成功

霸王凉茶虽然部分吸取了上述失败企业的教训，在出新品前请了策划公司来帮忙出谋划策，但是其 CEO 万玉华和董事长陈启源都过于自信，认为霸王品牌的"中草药文化"品牌核心价值能够顺利延伸到霸王凉茶上。加上当时霸王集团刚在香港的股票市场上市不久，资金充裕，万玉华更是雄心壮志，直接亲自操盘霸王凉茶项目，连项目的总经理和品牌经理都没有招到的情况下，贸然全面出击——全国招商、全渠道铺货、全方位广告投入，又是标准的阵地战进攻。

其实，霸王集团刚提出凉茶项目时，企业内部外部都是一片反对之声。内部的元老们从霸王集团的实际资源、人才储备、决策层精力有限等角度出发考虑，建议最好暂时不上这个项目，先做好其他的日化行业内的品牌延伸产品。而外部的众多广告人、策划人、教授们则从品牌定位、多元化战略角度，认为霸王的多元化和品牌延伸失败的概率非常大。这样的建言无疑是中肯的。

反观和其正，当年其一开始就请陈道明做代言人，主推罐装凉茶，广告诉求主打"和文化"，全国招商，大规模地投放广告，采取标准的阵地战进攻方式，结果自然是惨败。

然而在阵地战进攻失败之后，和其正反思己过，吸取之前的经验教训，及时推出了 600 毫升、1500 毫升的瓶装凉茶。这些产品跟王老吉的罐装形成了差异化竞争，而且渠道环节的利润更高，消费者买瓶装，喝不完可以盖上瓶盖，随身携带，性价比也更高。而同样的零售价，几乎多了一倍的容量。这跟当年百事可乐的"同样价钱、两倍可乐"的低价侧翼进攻案例非常相似。

在广告上，和其正也及时抛弃了华而不实的和文化策略，推出了两个版本,一个是"大瓶更尽兴"的广告诉求,另一个是"中国凉茶和其正",避免了跟随策略。"中国凉茶和其正"这句广告语甚至直接和王老吉抢夺消费者心中的凉茶品类代表,这都是典型侧翼进攻的运动战营销方式。

凉茶行业,需要价格战吗?

很多学者、专家经常批评价格战,表扬百事可乐的"新一代可乐"的定位,认为饮料要打品牌战,不要打价格战。也许,这些学者专家们更应该仔细研究百事可乐当年的营销战进程。

其实,百事可乐历史上的第一个经典战役就是用"同样价格,两倍产品"的策略打得可口可乐没有还手之力。当时,由于可口可乐顾忌跟装瓶厂的利益关系以及市面上的存货,导致其投鼠忌器,无法短时间内用价格战还击百事,被百事钻了空子,销量一路飙升。

"没有降价抵消不了的忠诚度",科特勒教授的这句话(也许不能算是一个理论,但胜过很多教条式的营销理论)已经被百事可乐证明是对的。在这几年的包装水市场,又被康师傅矿物质水、可口可乐的冰露水等所证明。在凉茶市场,和其正又一次证明了这句话的威力。

在一线的实战当中,很多二三线城市有大量的低价凉茶产品存活了下来,包括有些在广东已经销售了十几年的纸盒"清凉茶",如深晖、晨光、嘉乐等等。

康师傅用低价的矿物质水,打败了娃哈哈、乐百氏、农夫山泉、可口可乐的水森活和天与地、百事的冰纯、怡宝,夺取了水市场第一的宝座。

无论学者专家怎样高谈阔论,存在即是合理,营销实战才是检验营销理论的最重要标准。

"剩"者为王——不亏损,能生存下来才是最重要的。品牌战也好,价格战也好,战无定法,打赢了才是硬道理!

和其正的瓶装成功，从侧面也证实了变相而合理的价格战，是有得打，也打得赢的。

其实，如果不是很多善于包装自己的职业经理人和策划公司生搬硬套营销模式，潘高寿、白云山、念慈庵、春和堂如果一早就重点主攻瓶装凉茶，也许可以从王老吉的阵地上炸开一个缺口，长驱直入了。

如何从优秀到卓越？

在中国，真正广受尊敬的本土饮料公司屈指可数。

这与企业领导人的经营境界有着很大关系。有很多公司业绩很优秀，却很难成为受人尊敬的卓越公司。企业修为乃是决定因素。

而作者最佩服的是当今中国本土饮料界的三巨头掌舵人——娃哈哈的宗庆后、农夫山泉的钟睒睒以及加多宝的陈鸿道。

特别是陈鸿道，他的经历非常有意思，不仅早年曾作为新加坡杨协成在中国的销售人员，更是个虔诚的佛教徒，其宠辱不惊、静如止水的境界是很多国内企业家望尘莫及的。陈鸿道长居香港，但加多宝仍然能够以超常的速度发展，其管理功力绝非普通企业家能比。

陈鸿道也时常跟人谈起王老吉的前世、今生和后世。他的淡定和从容塑造了加多宝低调稳健务实的企业风格，他的霸气同样显露无遗。据说，加速发展王老吉的决定源自某年全国饮料大会上没有加多宝的名字。当然，这可能是戏言，但也可以从侧面看出陈鸿道特殊的企业家精神和荣誉感。

"预防上火的饮料"，这个定位策略还能有多少活力？

根据一线调研的反馈，在对王老吉消费者的访谈中，部分核心市场已经或多或少地出现了消费者的审美疲劳，甚至有品牌老化的趋势。这也为王老吉敲响了警钟,好在加多宝内部已经未雨绸缪,这从前几年的央视广告中就可以看出细微的变化,由原本的"怕上火喝王老吉"的呐喊,换成了"越夜越精彩"的时尚口号。这种广告上的变化多少可以看到王老吉在传播策略上的调整。在加多宝所信奉的定位聚焦原理的指导下,出现了诉求方面的变化,实属不易。我们认为,这也是企业与咨询公司在策略方面由分歧、争论、研究到最终达成一致的结果。

加多宝与广药王老吉销量相加,目前仍然占据包装凉茶市场超过80%的份额,能否让这个品类真正走入寻常消费者的生活,造就中国传统的饮料品类,加多宝与王老吉两个品牌的发展是品类发展的关键。

当年作为凉茶行业老大,红罐凉茶王老吉并没有在其"凉茶"名称方面真正发力。2007年,加多宝公司一度将纳入推广计划的"凉茶申遗活动"取消,转而集中精力做奥运会项目。更有种种迹象表明,各个凉茶品牌聚焦于整个凉茶行业的推广,可能还遥遥无期。

在这点上,加多宝要做的决策也是非常矛盾的,一方面花费重金培养起来的市场要不要拿出来和他人分享?是否要做大品类,成为品类代表领导者受益更大的指导思想,在加多宝内部一直存在很大争议。可以理解为,加多宝是否应该做大凉茶行业,然后告诉消费者,自己是凉茶行业领袖。

可以想见,当北方消费者像广东消费者一样认知凉茶的时候,市场必然会出现群雄混战的局面,竞争也必然会进入白热化。白热化的结果就是价格战。瓶装水、果汁、茶饮料无不经历了从高价到低价的竞争里程。是花费大力气做大品类来扩大市场份额,还是依然在防御性更高的"预防上火饮料"市场继续聚焦和定位?

与其在内部反复讨论,坐失战机,不如战略上在收购或者另外建立一个新的凉茶品牌,学习可口可乐和宝洁的多品牌战略细分市场。最好的防御,便是自己主动进攻自己!

在《基业长青》的作者、世界级管理大师吉姆·柯林斯的著作《选择卓越》中，曾总结了卓越企业所具有的一个共同特质就是"接近顾客"。接近顾客，以消费者为导向，是市场营销的一个最基本思想。国内的专家学者、广告人、策划人、企业家等等，很多人都自认为很了解消费者，可是，又有多少人是实际接触过消费者的呢？

不少广告人、策划人、教授、定位教条主义者曾认为"霸王"这个品牌不能延伸到凉茶上，因为容易让人喝凉茶时联想洗发水的味道。霸王凉茶的品牌顾问服务公司、内部职业经理人相信是可以进行品牌延伸的。那么，是否霸王凉茶这个项目最后结果不理想，就证明定位理论又一次成功地预测准确了呢？

营销的世界，并不是一个非此即彼、非黑即白的领域。

从经销商、一线销售人员、消费者的反馈来看，"霸王"在一二线大城市进行品牌延伸的难度确实较大，特别是主城区，中高收入的消费者有比较强的品牌定位意识，这也从侧面证实了霸王洗发水之前打造品牌比较成功。

然而当市场往下沉时，比如在一二线城市的城乡结合部、三四线城市、县镇等中低收入的消费者，对品牌延伸产品的抵触情绪并不大。这些地方小品牌的凉茶产品很多，霸王凉茶相对来说算是一个知名的大品牌了。

霸王凉茶到今天仍有一定的销量，就是因为中国的消费者是多元化的，有些人能接受品牌延伸产品，有些人则更喜欢用品牌定位产品，而中国的经济发展、城市化进程也并不平衡。可惜，这些结论本来是可以通过早点"接近顾客"而调查出来的，霸王本可以更好地评估"品牌延伸"这个项目，把股民的钱花在更容易进行品牌延伸的区域。

中国想要诞生更多"从优秀到卓越"的企业，就需要营销理论先行一步，特别是需要把世界级的营销理论与实战相结合，而不是生搬硬套、教条主义。

第四篇

群雄：解密红罐凉茶的竞争对手

知彼知己，百战不殆；不知彼而知己，一胜一负；不知彼不知己，每战必败。

——《孙子兵法·谋攻篇》

第9章

邓老凉茶，瞄准王老吉的弱点

邓老凉茶在头两年上市的时间里，品牌从无到有，销售额从零到亿，成为业内少数几家能存活下来的企业，并成为当年的凉茶三大品牌之一，与王老吉、黄振龙三足鼎立。在此过程中，其运用得当的营销战策略和优秀的品牌战略，起着至关重要的因素。当然，之后几年邓老凉茶盲目地进行全国扩张，在广东等根据地市场尚未完全建立之际，就开打阵地战，放弃了之前成功的运动战作战方式，导致了后期的功败垂成，令人惋惜。

我们的媒体和很多所谓专家，往往走极端，对失败的案例一棍子打死，对成功案例则拼命吹捧甚至神化，这都不是科学、辩证的态度。希望在此还原一个真实的邓老凉茶，能够抛砖引玉地跟读者一起来探讨其营销上的成败得失。

邓老凉茶的传奇诞生

邓老凉茶是由新南方集团与著名中医院士邓铁涛教授及广州中医药大

学联合开发。具有明显的清热解毒、去湿、降火等功效，并且副作用小。

邓老凉茶的诞生还跟 2003 年的"非典"有着密切的关系。甚至可以说，邓老凉茶的诞生，是一段中国饮料史上的传奇故事。

2003 年 2 月中旬的广州市，SARS(传染性非典型肺炎)进入发病高峰期。这时，西医界对 SARS 的致病原凶到底是什么，争论得沸沸扬扬。已是 87 岁高龄的邓铁涛教授站出来说，SARS 是温病的一种，而中医治疗温病历史悠久，用中医药可以治好 SARS。邓老所在的广州中医药大学第一附属医院共收治了 58 例"非典"病例，取得了"三个零"的成绩：没有病人转院，即"零转院"；没有病人死亡，即"零死亡"；而且由于医院全体人员都吃中药来预防，医务人员无人感染，即"零感染"。

该年 4 月，中央电视台公布了邓铁涛推荐的一份预防 SARS 的药方。后来，邓老的学生、广东新南方集团朱拉伊总裁找到邓老，与邓老促膝深谈，谈如何振兴中医中药、让中医中药现代化的问题，邓老就在原来预防 SARS 药方的基础上稍作改动配成邓老凉茶的药方，并把这配方给了朱拉伊，期勉其将中医药发扬光大。

朱拉伊 20 世纪 80 年代初毕业于广州医科大学，为实现多年的中医药梦想，从 2000 年起就投入巨资开始与母校合作系列中医药产业项目，致力于构建现代中医药产业体系，弘扬中医药文化。其实，邓老凉茶项目在最初几年的经营中长期亏损，如果不是朱拉伊对理想的坚持，这个项目或许早已折戟沉沙了。

企业家与商人最大的不同在于，企业家有自身的理想与抱负，并且能审时度势，很好地抓住时代所赋予的机遇。每个企业家都不是完美的人，有优点也有缺点，而作为后来的评论者不应该苛求他们，而应站在时代的角度，客观分析其成败得失，以警醒后人。

中国凉茶 "道"

凉茶市场每年有着近千亿的市场容量,这样的诱惑是非常巨大的,谁都想拼命挤进来分一杯羹。

纵观"非典"之后那几年的凉茶饮料品牌,不难发现众多广东药企的足迹。三九集团的下火王、潘高寿、星群夏桑菊、和黄白云山、香雪制药的上清饮、念慈庵"润"、邓老凉茶等企业都先后加入了凉茶大战。

可口可乐、百事可乐、娃哈哈、旺旺等饮料食品巨头也曾进入凉茶业小试牛刀,但这些巨头企业在遇到一点困难后便开始畏缩不前,反而是上述药企胆子大,一参战就敢投入重兵,用空中广告狂轰滥炸。

然而阵地战的第一条法则告诉我们:没准备、没把握、没实力,不打阵地战。这是营销战中的基本规律,而违反了基本规律的企业,难免会受到相应的惩罚。

凉茶行业群雄纷争的结果是,除了领导品牌能赚取数以亿计的利润外,其他品牌都纷纷亏损,某些企业甚至年亏损额高达几千万元,这也是因为很多凉茶企业实行"三拍政策"来开展营销和管理——拍拍脑袋决定立项,拍拍胸膛保证销量,拍拍屁股最后走人。

当时,真正能对王老吉产生威胁的只有两个品牌,一个是黄振龙,另一个就是邓老凉茶。那时,万吉乐、和其正都还没有上市,宝庆堂则长期困守在深圳等区域市场。

黄振龙过去曾是凉茶行业的第一品牌,即使在王老吉与加多宝崛起的今天,其依然占据着凉茶铺第一品牌的荣誉。走在广东的大街小巷,让你过目不忘的不是那些奢侈品店铺,反而是醒目的黄色招牌的黄振龙凉茶铺,店铺内外设计传承了南粤文化的韵味。然而只擅长凉茶铺营销的黄振龙,虽然对于罐装凉茶市场发动了多次进攻,换了一批批的职业营销经理人,都无功而返,颇有当年"诸葛武侯七出祁山伐魏"的悲壮与无奈。

而邓老凉茶前期的上市过程,则比黄振龙要顺利得多。当年,朱拉伊从邓铁涛教授手中拿到配方后,就请来了专业的品牌咨询公司,请他们帮助策划品牌的整体战略。在咨询公司接手品牌的规划之前,朱拉伊曾经将品牌的核心价值定位为"点点滴滴都是六十年功力",这一定位很快被咨询公司否定了——在王老吉"一百七十年历史"的事实面前,"六十年功力"无异于以卵击石!

邓老凉茶和王老吉的产品差不多,功能也没有太大的差别,那么,发展品牌核心价值的差异点在哪里呢?

在咨询公司对邓老凉茶和王老吉进行整体的分析和比较后,邓老凉茶可以与王老吉品牌相抗衡的"品牌基因"开始浮出水面:王老吉凉茶所诉求的"凉茶始祖"王泽邦在清代只是一个卖凉茶的民间郎中,而邓老凉茶的研创人邓铁涛则是当今中医药界公认的国宝级巨匠,颇多传奇,他代表着医道文化的至高境界。如果对两人的医学造诣作一个横向比较的话,王老吉在"塔基",邓铁涛在"塔尖"。

这是一个足以与王老吉一争高下的品牌差异点!

沿着这一策略思路,"中国凉茶道"这一品牌核心价值的定位让所有人眼前一亮。

"道"是一种态度、仪式、文化和境界,用"中国凉茶道"定义邓老凉茶的品牌可谓入木三分,以研制人邓铁涛教授为依托的邓老凉茶专业、权威、深厚文化内涵的品牌形象以及产品的质感立即凸显出来,与王老吉"一百七十年历史"的品牌定位形成差异。两相比较,可以一争高低。此外,这一品牌核心价值定位具有随着品牌发展而无限延伸的广阔空间。

为了让消费者更好地领会"中国凉茶道"的精义,品牌咨询公司多次拜访邓老及其弟子,亲身感悟邓老的医术和人格魅力,几易其稿,写出了"中国凉茶道"的跋:

"道,与造物者同生,与天地为一,古今之凉茶,其方莫不出自民间,邓老一代宗师,心似佛、术擅精,竭近七十年之专业心得,秉承中医天人相应,上工治未病之妙道,造济世之良品,其料皆择乎历验之品,简朴之中尤见精妙,可谓大道至简至朴,真大师,大境界也!此为道。邓老凉茶,调养则法四时,春夏养阳,秋冬养阴,阴阳互生,绵绵不绝,此亦为道。故曰:邓老凉茶,中国凉茶道。"

这篇精彩的文案将邓老凉茶的精义阐释得极为透彻,让品牌核心价值"中国凉茶道"熠熠生辉!

当年,很多凉茶跟进品牌都抄袭王老吉的怕上火的功能定位,都使用红色的罐子,最后基本都全军覆没。唯有"中国凉茶道"的品牌定位仿佛一支奇兵,从侧翼撕开了凉茶阵地的一个缺口。而后来,和其正的"中国凉茶"的定位跟邓老凉茶的品牌定位也有相似之处。

咨询公司了解到邓老发掘、整理了中国具有八百年以上历史的《八段锦》养生操,便请来画家将邓老示范的八段锦的八套动作画成线描画,这些线描画不但深化了"中国凉茶道"的品牌内涵,也成为消费者记忆品牌的视觉符号。

品牌战略规划的意义在于帮助品牌建立能够与竞争对手相抗衡,能够支持品牌持续发展的核心竞争力。如果定位的品牌核心价值不能在战略上超越竞争对手或者形成均势,这样的品牌战略规划就是失败的。对比之下,黄振龙的罐装凉茶上市时,就缺乏一个差异化的品牌核心价值,远不如邓老凉茶。

去火不伤身

在"中国凉茶道"这个基础上，咨询公司又进一步考虑到消费者对凉茶产品的功能关注度较高，而邓老凉茶具有降火不伤脾胃而且副作用小的特点，据此提炼出产品的功能定位诉求点——清火不伤身。

凉茶说到底是用中草药制出来的，"是药三分毒"，这是民间的古训。真正懂凉茶的消费者，平时是不会常喝凉茶的。红罐凉茶王老吉便有一点不适合体质寒凉的消费者饮用，很多消费者都知道这一点，但是过去很少有人真正关心这个问题。而经邓老凉茶这样一宣传，王老吉隐形的弱点便被放大了，从而在当时抢走了不少的消费者。作者当年跟许多人都探讨过"清火不伤身"这句话，广东本地人几乎一致认可这句广告语。

任何品牌的定位到最后一定是形成两大方面定位的结合，即产品的功能定位与品牌的精神文化定位的融合。比如，王老吉在已经取得防上火的功能定位的前提下，在春节时候广告就突出喜庆吉利的精神文化定位，在婚庆等场合则取代了两乐的位置。

而邓老凉茶的功能定位"清火不伤身"正是王老吉的一大软肋，非常有杀伤力。很多营销专家没在广东、广西、福建一带生活过，就很难真正明白凉茶的文化和精髓，评论凉茶案例和凉茶品牌定位项目时自然形似而神非。几年之后，王老吉所爆发的夏枯草事件，也从侧面证明了邓老凉茶当年品牌定位的正确性与前瞻性。

可惜，邓老凉茶在之后几年却并没有坚持把"清火不伤身"的定位作为主题来传播，反而改成了"更适合我们喝的凉茶"，错失一大良机。优秀的品牌定位和传播策略是为了打击敌人，给敌人造成混乱，而不是给消费者的认知造成混乱。

同时,邓老凉茶的精神文化定位在"中国凉茶道",力求传承中医的养身之道。精神定位需要持久的传播,没有三年甚至五年以上,很难真正深入人心。可口可乐是美国文化的代表,这是上百年历史逐渐演化而来的,绝无捷径可走。

而当年的其他凉茶,在品牌定位上跟红罐凉茶王老吉或邓老凉茶在层次上都有所差距。

有争议的高端定位

邓老凉茶既然定位于"中国凉茶道",自然不可能跟王老吉打价格战,必然会从品牌溢价开始进攻。一开始,朱拉伊建议邓老凉茶每罐零售价定在 10 元,一下子跟其他品牌拉开差距。但是,其他的职业经理人都认为这样风险太大,后来经过一番激烈的讨论,把零售价定为 5 元,这已经是同类品牌中最贵的了,无愧为凉茶行业的高端品牌。当时,即使是价格偏贵的红罐凉茶王老吉零售价也才 3.5 元左右,而黄振龙的杯装凉茶才 2～3 元,5元定价已经比王老吉贵了 40%,比黄振龙贵了超过 60%。实际上,每罐 5元的饮料价格对今天的消费者来说也还是略显昂贵的,在当年更是如此。这个价格最终并没有守住,之后不断降价,一直降到与王老吉持平。

邓老凉茶包装以深绿色为基调,底色选择了淡雅的灰色。灰色使包装显得古朴、典雅,而深绿色则庄重华贵。在设计上大小元素的搭配简洁而不显单调,尤其是浅色的行书"中国凉茶道"与八段锦八个流畅动作的相辅相成,整个包装形象在传统中充满了现代感,体现出浓厚的文化内涵。

整体视觉上,传统元素结合现代设计构成方式,体现稳重、大气、有文化内涵的品牌形象;体现产品的功能特性和特点;建立高品质、专业、权威的高端产品形象;坚持原创精神,在视觉表达上与同类产品的红色包装形成鲜明的区别。

除了选择常规大卖场、偏利店等终端渠道外,邓老凉茶还与著名地产发展商联合开发社区渠道,大打高端消费者人群。积极开发药店等终端渠道,避免在大卖场与领导品牌和众多跟随品牌打阵地战。要求凉茶铺的加盟商必须把店开在药店旁边或里面,选择高端的差异化渠道。

进攻中屡屡失误

传播主题过多

邓老凉茶进入市场的第一个动作是产品招商及新闻发布会,而后就是产品的全面推广。咨询公司制定了以终端促销和活动行销为主、媒体等宣传手段为辅的整合营销传播方案。为了配合招商活动,咨询公司还创作了一批邓老凉茶的终端宣传物料及试用品,用有形的利益鼓励经销商加盟,同时策划了产品上市的新闻发布会,邀请《南方都市报》、《新快报》、《粤港信息日报》等媒体参加,通过新闻媒体的宣传炒作,邓老凉茶和"中国凉茶道"一时成为凉茶市场的热门话题。

在广告宣传上,重点诉求产品"清火不伤身"的利益点,平面广告摈弃了华而不实的做法,直接以罐装产品的包装为画面形象;电视广告则通过串联八段锦的八个动作,用线描动画把产品的功能特点表现出来,创意新颖,颇有"中国凉茶道"的韵味。

在产品上市初期,为了吸引消费者试用及形成口碑传播,邓老凉茶还与《南方都市报》合作,在广州市内开展买《南方都市报》送邓老凉茶的公关活动。

当时这些传播策略收到了很好的效果,达到了预期的目的,但也埋下了隐患。新品一上市就两大主题同时传播,导致兵力分散,资源没有聚焦。

不久,邓老凉茶又推出一个全新的品牌传播主题——现代凉茶更懂你,广告诉求语为"为现代人体质而改变"。

传播主题是为了进攻敌人,给敌人制造混乱,而不是给自己和消费者制造混乱。邓老凉茶的传播主题无疑已经太多、太混乱了。

不应大规模进入现代渠道

对于饮料新品来说,进入大卖场、便利店得不偿失。这类现代渠道费用高,新品一开始销量不会很高,作促销则需要承担很大的费用,根本赚不了钱。如果是从树立品牌形象、招商的角度考虑,可以进入一两个客情较好的KA系统,把亏损降到最低。

根据运动战的第三条作战原则是"乘胜追击,扩大战果",邓老凉茶本应该进入更多的高端渠道,比如药店连锁系统与高端餐饮店,但这几年其在高端渠道的开发拓展上也慢了下来,没有乘胜追击,反而更多地进入了路边的便利店。而其产品在7-11、全家等便利店系统没有守住,因为销量不好而被很多连锁便利系统踢了出来,这些都是需要总结反思的。

没有坚持品牌战略

在品牌策略上,近几年来邓老凉茶似乎无计可施,传播的力度小了很多。而且一幅海报里面常常要传播三个信息:"更适合我们喝的凉茶"、"中国凉茶道"、"清火不伤身",这反而让消费者无所适从。

企业接着又把之前产品包装的青灰色改成更时尚现代的绿白色,这就更是浪费前期的投入,对品牌资产造成了很大的伤害。

现在的邓老凉茶铺,在店招设计上,居然把原先的品牌战略规划中的灰绿色改成王老吉的红色,这可能是为了迎合潮流趋势和大众口味。而这种明显的外行和不专业的行为,在职业化的外企是不可能发生的。

营销将领的任命

由于地缘文化的因素,朱拉伊可能更愿意任命自己潮汕家乡的亲戚朋友,这也必然会与职业经理人团队产生在文化上的不和谐。

当然,职业经理人也有自身的局限性,营销战策略上也喜欢以阵地战为主,销量上得快,跌得也快。大多数大企业的职业经理人是单一岗位出身,比如从基层的业务员一直奋斗做到大区销售经理或销售总监,或者从市场部的助理一直干到市场部某个职能经理,但缺乏运营管理经验和品牌管理的系统思维,特别是缺乏对项目盈亏平衡关键点的把握。就算有这方面经验,一般也都是成熟大品牌的,不能直接套用到一个从无到有的新品牌身上。

新品牌的成功,好的品牌定位战略只是前提条件之一,如果没有优秀的营销战略相配合,帮助企业在前两年建立一个盈亏平衡体系,亏了一段时间后,企业的决策层会非常担心项目前景,要不就是临阵换将,要不就是不敢追加投入,这都会引起军心动摇。

业内经常称赞可口可乐、百事可乐、康师傅和统一是饮料界的黄埔军校。可是,如果这些军校培养出来的大多是执行类的人才,而不是具有战略思维、并能以弱胜强的元帅和将才,这个称赞是值得商榷的。

所以,营销战虽然常被外行人轻视,但实践证明,营销战是有其独特规律与作战方式的。

第10章

万吉乐，与王老吉势不两立

在诸多凉茶挑战品牌中，当年很多业内人士都认为万吉乐是最有可能成功的。万吉乐的品牌定位、包装策略、营销方案都是经典，也是一个可以载入 MBA 教材的品牌打造案例。

我目睹过很多凉茶企业的营销方案，说实话，其中大部分都是沿袭红罐王老吉的思路，包括市场推广、定价、渠道策略、销售策略、营销架构、营销作战方式等等。但最后这些品牌和企业都战败了。因袭者亡，创新者生。

只有万吉乐的营销作战方案让人眼前一亮，是真正有差异化的思路，而且在一定程度上执行下去了。

万吉乐站在了王老吉的对立面

万吉乐是第一个很明确地站在王老吉对立面的品牌，事实上，也只有跟王老吉"势不两立"，才可能从营销策略、品牌定位的角度脱颖而出，打造一个差异化的成功新品牌。如果万吉乐真正做到了"势不两立"，这将是一次成功的品牌传奇。但是可惜的是，万吉乐很多与王老吉对立的思路没有完全落实，只执行了一部分，最终功亏一篑。

万吉乐的"新一代凉茶"的定位既是一次成功的与王老吉的品牌对立，又是一次很漂亮的侧翼进攻。营销运动战的第二条原则是：侧翼进攻，出奇制胜。百事可乐曾用"新一代可乐"这一招，一下子从众多可乐跟随品牌中脱颖而出，抢占了可乐市场不少份额。

万吉乐建立根据地、打游击战的思路，也是站在了当时王老吉已经是全国知名品牌、有很强的阵地战防御能力的对立面。营销游击战的第二条原则是：建立根据地，找一块可以守得住的根据地市场。万吉乐在当年的营销方案中明确提出，想先建立起四个根据地市场，再以此为基地，挥师全国。

每个凉茶新品牌进入凉茶的江湖时，都把自己定位在首先争取老二的地位。很明显，如果王老吉是凉茶业的可口可乐，那么其他的凉茶企业都希望自己做凉茶业的百事可乐。无数个企业都曾经这样想——潘高寿、念慈庵、上清饮、清酷、春和堂、黄振龙、邓老凉茶、二十四味凉茶、本草蜜凉茶、顺牌凉茶、不怕火凉茶……

但是，百事可乐只有一个，当年美国市场上的皇冠可乐、皮博可乐、美国可乐都在竞争中沉沦下去，市场会很残酷地考验这些后来者。

2008 年，万基集团推出了新品万吉乐凉茶，它让消费者体验到了一股蓝色风暴带来的淡爽和快乐。万吉乐凉茶是万基集团"保健品食品化，保健品饮料化"战略下首批健康产品之一。万基集团成立于 1991 年，销售网络遍及全球，保健产品超过 200 种，最具代表性的是万基洋参片，在全国有一定的知名度，集团也有一定的实力。

经过专业策划公司的多次论证，万基集团采纳了外脑的建议——站在王老吉的对立面，把自身定位在"新一代"的凉茶，后续的营销战术（包装策略、品牌形象、产品配方、推广话术等)都围绕这个定位展开。万吉乐凉茶还请张卫健作为产品代言人,其广告口号为"淡爽不上火",整个罐身和广告宣传都使用了蓝色品牌形象,大有做凉茶业百事可乐的气势和决心。

可是,对于群雄混战的凉茶行业,万基集团能如愿以偿吗?

饮料业的营销方案,一般意义上可以分成市场部的方案和销售部的方案。销售部正常情况下的方案都是企业内部写的,销售方案一般包括销售架构、销售费用、销售渠道选择、铺市计划、销售人员管理、销售终端开拓与维护等。而如果企业需要让策划公司帮忙写销售方案,那便证明这个企业的实力并不强,发展前景恐怕也不乐观。我见过一些策划公司帮很多刚进入饮料或者凉茶行业的企业制定销售方案,模型用得很漂亮,行文与图表也很华丽,不过却常常无法实际执行。这其中不仅有企业自身的原因,也有策划公司迫不得已的苦衷。

市场部因为有太多细分的工作,加之一般的市场部人手有限,所以很多方案必须借助外脑。比如媒体方案、大型传播活动都需要借助广告公司;大规模的促销活动现在也趋向于外包给专业促销执行公司;品牌定位案需要请专业的品牌战略咨询公司;样本量大、跨区域的市场调查也必须找市场调查公司。

像可口可乐、宝洁这类顶级品牌的市场部,需要有十多个不同类型的外脑公司服务。所以,在企业决定打阵地战之前,要先想想自己能不能拥有可口可乐这样的作战参谋部——市场部,一个非常华丽和庞大的优秀部门。

娃哈哈是全国饮料企业中的第一名,在全球也排在前七名。当年一开始推出非常可乐时,娃哈哈也是用阵地战向两乐进攻,然而你现在还能在全国一线城市看见非常可乐吗?显然,非常可乐现在已经很自觉地走上了游击战和运动战的道路,哪怕其在全国已经有几十亿的销售额,哪怕宗庆后是个向来不服输的中国首富,他还是不敢正面进攻可口可乐和百事可乐。

　　红罐王老吉的品牌定位案的确是我们所见过的国内外广告公司、策划公司、品牌顾问公司中最优秀、最经典、最务实的品牌策略方案之一。

　　虽然红罐王老吉的这个定位案本身并不华丽，行文很干净简洁，很少用模型，图表也不多，没有"栗子面"的 PPT 那么性感美观，但是观点深入人心、直击本质，能令人在读过后震撼万分。相对于书本的纸上谈兵，一个优秀的实战方案是活生生的、有血有肉的、可以马上执行并见成效的。

　　万吉乐的品牌规划案，则是少数几个可以媲美红罐王老吉的方案之一。

　　虽然该方案没有王老吉的方案那么让人震撼，但其中有很多优点让人兴奋。可惜的是，其中少了市场调研的数据支持和挖掘分析，特别是对于消费者心智部分的调研，还是比较缺乏，如果有了这部分，它将会是一个媲美王老吉的经典案例。

"新一代"凉茶

　　万吉乐当时在软文中的宣传如下：传统凉茶源自清朝道光年间，据今已有170多年历史，是根据古代人的生活方式和生理特征开发出来的一种具有去火功效的凉茶。但古代人与现代人相比，生活方式明显不同，古代是没有汽车，没有电，没有网络，没有卡拉 OK 的。换句话说，古代的人是没有夜生活的，一些熬夜上火的情形根本不会存在。而现代人生活节奏加快，精神压力增大，作息时间不规律，加上气候环境的变化等因素，导致虚火上升、消化不良、食欲不振、年轻人特别容易长青春痘等问题的出现。

　　所以，万基认为，沿用古老配方解决现代人的上火问题有些牵强。根据现代人的特点，万基对传统凉茶的预防上火配方进行了科研攻关，对其进行针对性的改良。它含三萜皂、生物碱、黄酮等天然成分，能清除体内毒素，提高人体免疫力。同时,万吉乐的口感和功能都比较适合现代人特别是年轻人饮用,其在局部市场试销不足三个月,在没有任何广告支持的情况下,万吉乐销售已超过目标预期值。

当时,笔者是在一线检查某凉茶品牌的推广活动时碰巧发现了万吉乐。万吉乐蓝色的罐身,又在超市做了很多的端架和堆头,的确十分抢眼。而且,它的包装、代言人都很时尚,一眼看去便能让人知道是针对年轻一代的消费者,目标消费群很明显。罐身包装上"万吉乐"三个字背后有一个芭蕉扇的图形,很明显是比喻"用芭蕉扇去火"。这些,都让万吉乐从当时的其他竞争对手中脱颖而出,令人们纷纷购买尝鲜。而之前上清饮、念慈庵、春和堂、黄振龙等品牌都没有这样的吸引力。

虽然很多人都欣赏万吉乐的品牌策略,但也并不需要百分百盲目推崇其所有的相关策略,该策略也存在以下问题。

首先,"新一代"凉茶这一定位并不是万吉乐首创,这跟邓老凉茶的"现代凉茶"相比有跟风之嫌,而且万吉乐对"新一代"的解释暂时还没有超越邓老凉茶。邓老凉茶虽然想打造现代凉茶领导品牌,可惜用了一个很传统、很老气的名字,注定了未来品牌之路会充满坎坷。万吉乐认为王老吉是沿用古老配方来解决现代人的上火问题,定位自己是用了更新一代的配方。这样来解释"新一代",短时间内仍缺乏说服力,因为消费者喝饮料和凉茶,其实是很少注意配方的,因而需要很多后续与消费者的沟通活动。

其次,"淡爽不上火"这个广告诉求,也有模仿潘高寿广告语"清润少点甜"的嫌疑。也许万吉乐的口味确实比王老吉和其他凉茶淡一点,没有那么甜,但是之前潘高寿的广告诉求"清润少点甜",也并没有打动多少消费者。更何况,王老吉是经过市场调查,结合了市场实际需要,主动把口感改调至偏甜的,这是因为之前很多消费者认为凉茶带点中药味,略微偏苦了。

当然，这也是一个矛盾的对立面。广东本地的消费者上火后是更愿意买黄振龙、徐其修、平安堂的杯装凉茶来喝，所以很多消费者觉得罐装王老吉喝起来像"糖水"。而两广、浙南以外的消费者，又普遍觉得原先的王老吉有中药味，比传统饮料微苦。

"淡爽不上火"这个概念，如果想要打动消费者，的确还需要花一番工夫来完善。因为淡爽对于凉茶的口感而言，不是一个好的差异化概念。

"Enjoy myself" 的情感定位

作者在发现万吉乐凉茶后，第一时间将其作为竞品进行了一番仔细研究，查阅其相关资料后，便已经能感觉万吉乐是有意识地在开始采用生活形态(情感定位和市场细分的一种)来划分消费人群。无论这是出于万吉乐内部高手的企划，还是受广告策划公司的影响建议，或者只是无意识地想到这个点子，这都是一个良好的开端。

万吉乐的生活态度——Enjoy myself，具体解释便是：笑对人生的乐观，无忧无虑的开怀，对世界淡淡的欣赏，对新奇的追随。享受年轻的惬意，略带自我的自信，无所禁忌的快乐，对健康关注的热情。好心情大家分享，尽力打拼，尽情享受生活。

作者在偶然的机会认识了万吉乐的营销将领们，与他们深入交流后发现，这的确是他们和广告公司一起讨论出来的思路，就是为了站在王老吉功能定位的对立面，与上清饮、念慈庵、春和堂、白云山等众多跟进的凉茶品牌区隔开。虽然，那时万吉乐和其广告服务公司自身都还不知道这是属于"生活形态营销"。

企业为了在竞争激烈的市场中准确赢得顾客满意，项目前后的一系列调查研究是非常烦琐和复杂的。当然，如果做足了功课，能找到一个有攻击力的定位，将会事半功倍。王老吉的"怕上火"是一个功能性的定位，之后王老吉也意识到单一功能定位的不足，后期将其转为"功能＋情感"的定位。"吉庆时分，喝王老吉"就是这一思路的体现。

而当优乐美奶茶进攻香飘飘时，也是避开从功能定位上去跟香飘飘正面硬碰硬——奶茶是同质化很严重的品类，而转用情感定位来侧翼进攻，一炮打响。营销运动战第二条原则就是：侧翼进攻，出奇制胜。"生活形态营销"就是万吉乐侧翼进攻的奇兵。

生活形态营销属于情感营销的一种，是指企业通过对消费者心理、价值观取向、消费行为、生活节奏、个性气质、生活条件等消费者的生活各方面形态的了解，让一群有着相同生活形态的消费者，产生一种感同身受的认知，使品牌获得消费者自发性认同，创造出真正让消费者感动并长期消费的一种营销方式。

简言之，生活形态营销就是研究消费者如何花钱、如何打发时间、如何休闲的综合生活形态。消费者生活在现代社会之中，他们购买商品不仅仅会考虑商品的使用功能，更重要的是能够让他们的生活更加舒适、惬意。

生活形态营销提倡企业应该适应的是消费者的生活模式，培养他们的消费习惯，在消费者的需求还未明显表现出来时，根据对其生活形态的研究，挖掘其内心深处的需求，生产合适的商品，提供适宜的服务，从而创造需求，刺激消费。

生活形态对消费者消费行为选择的影响如图10-1所示。

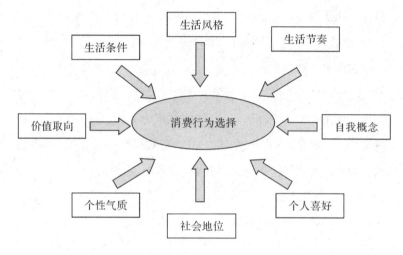

图 10-1　生活形态对消费者消费行为选择的影响

　　如果万吉乐一定要通过研究消费者生活形态来开展营销,那么接下来还有大量的市场调查与分析的艰苦工作要做,而且,线上的电视广告应该逐渐被更多的线下沟通活动和公关传播代替。

　　也许万吉乐希望用张卫健的个性气质和个人魅力来影响一部分有相同生活形态的消费者的凉茶饮用习惯,让万吉乐成为首选,并形成品牌忠诚度。

　　作者当时就推断,这至少需要两年的时间。而且,这需要万基集团有足够的耐心来等待和足够的资金来亏损,并且相关市场人员和广告服务公司不能更换得太频繁。做不到这一点,下场还是跟其他凉茶一样。万基集团自身必须不能太急功近利,要稳扎稳打。

　　总体来说,万吉乐还是带给了我们不少的惊喜,如果能真的按照生活形态对消费者的凉茶消费行为进行细分并带来影响,无论成败,这将是一个经典的营销运动战案例。

游击战与阵地战的对立

游击战的第二条原则是:建根据地,找一块守得住的细分根据地市场。万吉乐当年在营销方案中明确提出,计划先建立起广东、江西、浙江、海南四个根据地市场。每个省级根据地为一个大区,每个大区下面又分几个小区域,并设办事处(见图10-2)。

广东大区,下设 5 个办事处:深圳办、东莞办、广州办、粤东办、粤西办。

江西大区,下设 3 个办事处:南昌办、九江办、赣州办。

浙江大区(含江苏),下设 3 个办事处:杭州办、台州办、苏南办。

海南大区,下设两个办事处:海口办、三亚办。

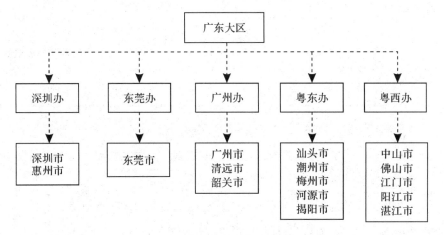

图 10-2 万吉乐广东大区办事处具体划分

为配合游击根据地的开拓,万吉乐当时在南方电视台、江西电视台等地方电视台黄金时段大量投播广告;同时在各根据地的重点中心城市陆续开展大型品牌路演推广活动,让广大消费者现场体验蓝罐带来的淡爽享受;并在各大超市买堆头作特价陈列和促销。

当年为万吉乐提供媒体服务的广告公司，根据凉茶业各主要品牌的媒体投放，提供了一些分析数据，见表10-1。从各个凉茶品牌在当年的主要电视广告投放情况可以很明显地看出，上清饮纯粹是在跟王老吉打阵地战，正面进攻，自然结果会很糟糕。

表 10-1　万吉乐上市当年(2008年)各凉茶品牌的电视广告投放比值分析

城市	红罐王老吉	纸盒王老吉	香雪上清饮	和其正
广州市	63.17%	60.54%	87.5%	25.54%
深圳市	19.57%	3.38%	1.1%	68.86%
东莞市	3.25%	10.39%	2.3%	1.37%
汕头市	2.31%	6.88%	1.1%	1.85%
湛江市	1.62%	0.03%	1.0%	0.0%
揭阳市	1.57%	3.66%	1.2%	0.10%
江门市	1.57%	0.00%	0.0%	0.0%
潮州市	1.37%	2.87%	0.5%	0.35%
佛山市	1.30%	4.45%	0.0%	0.97%
珠海市	1.18%	0.39%	0.0%	0.0%

而和其正很明显是有差异化的思路，避免从正面进攻王老吉，而是先从其相对薄弱的区域下手。深圳跟广州同列一线城市，虽然喝凉茶的消费习惯肯定是广州强于深圳，但是比例不会有媒体投放数据所显示的这么大差距。

根据运动战的第一条作战原则"快速机动，各个击破"，深圳就是王老吉各个区域中的一个弱点，有被和其正集中击破的可能。实际上，上清饮明显可以选择东莞、汕头、佛山这些二三级市场——也正是敌人防御力量薄弱的战场进攻，或者也可以在其中某一个或某几个二三线城市建立自己的根据地。就算是进攻广州这类重兵把守的一线城市，也不要直接进攻中心区域，而应该进攻广州周边的卫星城市和郊县，如增城、白云区、花都等。

打游击战,媒体费用会节省很多。广东的地方有线电视台对于比较受欢迎的境外电视台普遍存在广告插播情况,如香港翡翠台、香港本港台、华娱电视台、凤凰卫视、星空卫视等。

这主要是因为,各地方有线电视台在转播境外电视台的节目时,会产生转接费或运营费等额外费用,而广播电影电视局并不会替他们出这些费用,所以他们只能通过对境外电视台插播广告来平衡转播费用。所以,在广东的各个地级市以及向增城、白云、花都这类城市投放空中广告,性价比更高。

当然,很多的媒体广告公司和媒体经理,为了操作方便省事,不愿意一个个地方台去谈判,而是推荐谈判更方便、更容易监控的省级电视台。

不妨再告诉大家一个很现实的数字,2007年红罐王老吉在广东光电视广告投入费用的刊例价就超过3000万元,加上户外广告、杂志广告、报纸广告,金额至少超过5000万元,而当年其他绝大部分凉茶品牌在广东的销售额还不及这个数。

所以,读者们现在就可以明白,用阵地战的方式向领导品牌正面进攻,是多么不自量力的一种自杀式作战方式!

当然,广告公司是欢迎你投放这么多广告费用的,反正销量目标不用考核他们,广告人的奖金是与广告公司的整体营业额和盈亏挂钩,而不是与企业的营业额和盈亏状况挂钩。广告行业最喜欢按照广告的创意来评选奖项,而不是按照这个案例是否达到企业的营销目标来评奖,也不会在意目标消费者有否理解这个广告,更不会去调查这个广告刺激了多少消费者的购买欲。

如果企业的老板们都能记住以上几点,未来将会省下很多弹药。

上清饮凉茶、霸王凉茶在产品上市的第一年、第二年就投放了很多广告,销量却有限,亏损得一塌糊涂,惨不忍睹。

如果,你觉得你的实力强过霸王集团、香雪制药这些上市公司,觉得自已比这些公司的老板、高级职业经理人都聪明，可以尝试下阵地战进攻。同时还要有一个前提，就是你必须指望王老吉不会对你展开反攻，不会在终端阻截你。而现在很不幸的是，你的对手又多了一个——加多宝。

制定营销作战方案，不能把自己想得很聪明，而把对手想得很愚蠢，甚至轻视其他企业的失败经验和惨痛教训。

万吉乐的失误

让我们一起来回顾总结下万吉乐的案例，万吉乐有三大特点：

第一，新一代预防上火的饮料。配方上更具备清凉淡爽的独特口感，不黏喉，更爽口。

第二，生活形态营销，目标消费者细分准确，可操作性强，强调万吉乐是专为真实、勇敢、进取、灵动、轻快的现代年轻人群量身打造而成。

第三，营销思路上，也是计划先打游击战和运动战，从侧翼进攻，建立几个根据地；并没有想要第一步就全国扩张，这也是吸取了上清饮、春和堂、白云山、潘高寿的阵地战失败的教训。

整个战局，似乎都是朝着对万吉乐有利的方向在发展，当时万基集团也好，万吉乐的团队也好，都还是很乐观的。2007 年，万吉乐就悄悄开始了铺货的行动，试销 3 个月，在没有任何广告支持的情况下，已实现销售回款超过 1000 万元。到了 2008 年 10 月份，江西省 13 个经销商共打款 8.9 万箱，可查库存低于 2 万箱，铺市率大于 30％，对于凉茶新品来说，这个数据算是很不错了。

但也正是第一阶段的小胜利，让万基集团和凉茶的管理团队认为产品在前期已经站稳脚跟了，甚至可能还认为凉茶市场形势一片大好，今明两年可以好好大干一场了。本来是游击战和运动战的思路,若变成了阵地战全面进攻,危机就步步逼近了。

价格没有彻底对立

当初上市时,万吉乐在很多地区商超终端建议零售价是 3.5 元,还是贵了一些,因为当时王老吉的超市实际价格在 3.3~3.5 元。万吉乐如果在超市能拉低到 2.9~3.0 元来占领市场,效果会更好,便利店的价格可以是 3.5 元。饮料新产品上市,主要是商超的零售价很关键,是整个市场价格能否稳定的焦点和成败所在。万吉乐的价格,还可以更低,以便与王老吉彻底对立。

表 10-2　2008 年万吉乐在各渠道的销售价格

渠道形态	产品进价（元/箱）	产品出价（元/箱）	销售奖励（元/箱）	渠道毛利（元/箱）	建议售价（元/罐）	备　注
经销商	65	68	3	6	无	见备注
批发商/分销商	68	70	2	4	无	奖励 2 元/箱,目标考核
餐饮	70	120	0	50	5	无
特渠	70	84	0	14	3.5~5	无
小店	70	84	0	14	3.5	无
商超	74.4	84	0	9.4	3.5	无

产品形态没有彻底对立

很多人都以为百事可乐当年是靠"百事新一代"的品牌定位策略,站在可口可乐对立面，从而一举成名，走向成功的。这个理解，一半对，一半也不对。

百事可乐的确是靠"新一代可乐"的策略，站在了可口可乐对立面，脱颖而出，并超越其他可乐品牌，但这已经是过了生存阶段之后的事情了。百事可乐之前曾经三次破产，第四次没有破产，是因为发动了一场侧翼进攻的运动战，推出了"一份钱两份货"的促销策略。同样的价钱，消费者可以买到容量多一倍的百事可乐，这个策略导致那几年百事可乐销量大涨，方才得以生存下来。百事可乐当时的包装形态站在了可口可乐的对立面，比可口可乐更大，更实惠，几乎便宜一半。

百事可乐第一步先是靠低价存活下来，才有后面第二步的"百事新一代"品牌定位之战。

与此相似的是，和其正最初生产 310 毫升罐装凉茶差点全军覆没，如果不是后来 600 毫升的瓶装凉茶上市只卖与罐装同样的价格，这个项目可能就会以失败告终了。

如果，万吉乐初期重点推广瓶装或者纸盒装，销量会更大，更容易存活。

根据地的思路没有执行下去

万吉乐以省级市场为根据地，这个想法还是有点不切实际。

一个省，太大了。万吉乐的浙江大区，还包括了江苏省。广东大区，下面又分为五个办事处，每个办事处又管好几个城市，费用还是没能降下来，战线还是拉得太长。

作者曾经负责某个饮料品类的全国市场，一年之内想去全国的几个主要省份的主要城市出差一次，看看市场，都很难做到。之后，不得不把精力聚焦在一个重点省份的几个重点城市，建立根据地。但是即便如此，精力和费用还是都不够，又继续缩小根据地面积，重点关注根据地的某几类渠道。这样，才能真正打造样板市场，保证市场部方案的顺利执行。

销售管理制度没有因地制宜

万吉乐也学王老吉组建了很庞大和复杂的销售组织架构，也有监察之类的部门和岗位。可惜，这些都水土不服，加之战线过长，导致很多区域的费用管理失控。一个新组建的企业，哪怕你的武器弹药、军队装备、作战参谋部、后勤部门应有尽有，看上去很完整，但是一打起仗来便溃不成军。

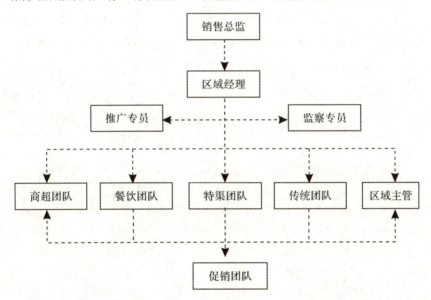

图10-3　万吉乐的销售架构

现在回想起来，万吉乐也应该把自己的销售管理方式与王老吉对立起来。除了几个地级市的样板市场、精耕区域可以采用与王老吉类似的销售人员和管理方式，其他外省市场可以用一定的价格承包给经销商，就可以省去很多麻烦,也不会出现费用管理的问题。

当样板市场的模式建立起来后,营销作战方式也成形了,企业的盈利方式也找到了,万吉乐就可以逐步从根据地向外扩张了。

品牌定位是企业经营的结果,不是企业成功的原因,也不是营销战胜败的唯一因素,充其量是关键要素之一。

其次,品牌定位理论是更接近哲学和心理学上的概念范畴,不像物理、化学、数学等有很客观的检验与评判标准。全中国有成千上万家品牌战略公司、策划公司、广告公司,可是有哪几个企业的品牌能真正有差异化定位的?

企业主与其总是幻想一战成名,指望虚无缥缈的小概率成功事件,还不如踏踏实实做好内部管理,特别是销售管理。当年上清饮、万吉乐的销售战斗力如果比加多宝强,早就把市场做起来了。当时我们到一线去调研凉茶市场,部分区域的上清饮和万吉乐的经销商都被压了很多库存,之前企业(或是销售人员个人)承诺的很多政策与费用核销都没能兑现,整个销售体系完全失控。

那些喜欢坐在办公室给企业写营销策略建议、品牌定位建议的专家们,有时间请到各类零售终端去调查下,对比下你们的策略能否行得通。

第 11 章

霸王凉茶，日化霸主挑战凉茶之王

当年霸王凉茶上市之时，霸王集团正雄心壮志地计划大举杀入凉茶行业，并同时吹响了多元化进军的号角，陆续推出了本草堂护肤品、追风去屑洗发水，本来还计划推出洗衣液、洗手液、纸品等多个新品类。

不久后，二恶烷事件爆发，让霸王措手不及。霸王多年来缺乏一家优秀的公关公司为其做服务顾问，而是采取直接跟媒体打交道的方式，这种方式看来是需要改进的。另外，此事一出，对比王老吉的夏枯草事件，两大企业处理危机的公关能力，高下立现。

其实，在当时霸王凉茶上市前，其内部大多高管就一片反对之声。大家普遍认为，霸王当时应该专心扎根于日化行业，集中精力把追风、本草堂等新品做好，不相关多元化的难度肯定是大于相关多元化。凉茶业本身就竞争激烈，霸王没必要去进入这个红海。而且，四面出击，自然会四处树敌，还没有等霸王把竞争对手各个击破，自己反容易被各个对手打败。

这几年来，我一直在反思霸王凉茶这个项目，也在不断地收集一线资料，希望能客观地还原霸王整个凉茶项目的来龙去脉，而不只是局限在所谓的品牌定位理论某个单一因素上。

用单一因素分析某个营销案例的成败，在文字上固然比较容易写作，但往往会一叶障目，失去客观性。

从多因素角度分析，则需要大量占有资料，深入一线调查了解，在经过一番努力之后才能更接近事实的真相。

作者当年也曾是霸王凉茶这个项目的一员，至今也有很多疑惑百思不得其解，更希望跟读者一起，从繁杂的资料中真实还原这个案例，对后来者也是一种启发，起码可以令后人少走一些弯路。

霸王的发展历程

霸王的两大掌门人陈启源和万玉华夫妇，其发家史也充满了普通人创业的艰辛与传奇。

20世纪80年代初，万玉华毕业后分配到中科院华南植物研究所，曾任工程师。一个偶然的机会，万玉华认识了前来咨询专利项目的陈启源。两人在交往中，逐渐将关注点放在植物研究所的植物洗涤剂方面。80年代中期，他们承包了所里一个下属企业，类似于今天的试验车间。资料显示，陈启源最早是继承了父亲的农药生意，做过日化的经销商，还用板车送过货，创业过程也是一波三折、充满艰辛。

80年代末，霸王公司成立(1988年)，主要生产霸王牌啤酒香波。那时霸王牌啤酒香波的销售方式很简单，就是做大流通。所谓的大流通，就是绕开当时百货站的批发部，直接由霸王给经销商底价操作，由经销商负责霸王产品的一切销售活动。

90年代中期，霸王完成了企业资本的原始积累。但随着宝洁、联合利华、花王等外资的进入,啤酒香波的销量逐步下滑。之后,寻找新的替代产品成了霸王公司的当务之急。1997 年前后,重庆企业奥妮的首乌洗发露等植物洗发水一炮走红,而此时,华南研究所刚好研究出中草药的植物洗发配方,效果据说比奥妮还要好,霸王公司第一时间买下了这个专利。实际上,在公司成立的早期,霸王都是以奥妮的跟随者的面目出现的。

第二年霸王果酸首乌、皂角首乌洗发露面世了。在随后的 1999—2000 年,霸王洗发露的销售极其火爆,趁着奥妮的沉寂,霸王的中草药概念也得到了消费者的认同,填补了奥妮之后本土日化企业在植物和中草药方面的定位空缺。

霸王也是当年最早建立终端路演队伍、终端导购队伍的日化企业之一。直到今天,霸王的终端促销队伍已有数千人的规模,被同行美其名曰为"霸王花"。

2001 年是霸王的挫折之年。在索芙特的概念营销冲击下,霸王卖了多年的老产品皂角首乌洗发露面临更新换代的问题。从 2001 年下半年起,霸王的增长势头就戛然而止了,当时的霸王面临产品老化、价格混乱、销售管理不力等问题。当时在海外开拓市场的陈启源得知后,匆匆回国,与万玉华商谈对策并提出了整改措施。

第一步,霸王先是挖来原舒蕾海洗发水一名资深大区经理全力整顿广东市场,并调整包装,加大价格管控力度,同时以品牌延伸方式向牙膏市场进军。

但是,第一步的变革并不是很成功。新的广东市场经的理上任引起了接二连三的人事变动,很多区域经理纷纷离职;而新包装没有太大特色,品牌延伸产品也不温不火。

第二步,霸王推出了一个新品牌——丽涛。这是为了弥补霸王巅峰时期没有扩大版图,只是一个区域性品牌的缺憾,而且在价格上,丽涛主攻中低端市场，跟霸王的中高端市场错位经营，以抢占更多市场。霸王又趁舒蕾集团内部动荡之机，高薪聘请原舒蕾的总经理助理担任新成立的企划部部长，全面负责丽涛品牌产品的上市规划。从综合收集的资料以及对霸王内部人士的访谈来看，这位新来的马部长，对霸王以后的发展壮大起到了很关键的作用，是一位低调的优秀职业经理人。

正是这位企划部长上任之后，霸王才明确把自身品牌定位在"中药世家"和"防脱养发"，其整体的营销策划、品牌传播都比之前提升了一个层次，从而在激烈的日化业红海竞争之中开创了一片蓝海。《孙子兵法·形篇》曰："故善战者之胜也，无智名，无勇功，故其战胜不忒。"我们所处的这个浮躁的时代，充满了太多善于包装和吹嘘自己的营销将领、策划大师，而真正的无名英雄，常常是那些选择在合适时刻功成身退的"善战者"。

2002—2004 年，霸王的发展虽然走上了一个相对的正轨，朝较好的方向在发展，但也绝不是一帆风顺的，中间仍然挫折不断。丽涛上市时选择了常用的方式，在美博会进行招商活动，每个省选择一个经销商，通过广告轰炸来启动市场。但其上市的准备工作十分仓促，促销政策、人员配合均不到位，以致启动市场时经销商和销售人员对此均怨声载道。

阵地战的第一条原则是没准备，没把握，没实力，不打阵地战。丽涛恰恰就犯了上述的几个毛病——多年以后，霸王凉茶还在重蹈丽涛的覆辙。

如果霸王凉茶一开始不打阵地战，而是打游击战或运动战，或许今天已经存活下来了，还可以继续扩大发展，至少不会亏损，销量上也不会低于邓老凉茶、春和堂这些二线品牌。

经过近一年的推广，丽涛除了在东北三省有较大起色，在其他区域均表现惨淡，远没有达到当初预想的市场效应。在此之后，霸王把丽涛的包装变得更漂亮，增加了产品功能，规范了价格体系，理顺了销售渠道，使丽涛的销量有了明显的改观。

2005 年,可以算作霸王历史上的一个分水岭,霸王斥巨资聘请成龙作为形象代言人,进行了新一轮的广告轰炸。随后,各大电视台、分众媒体、卖场媒体轮番轰炸,霸王的销售呈几何级倍增,赚得不少利润和市场口碑。

即使多年以后作者回头看成龙代言霸王广告这一个事件,还是会由衷佩服策划这一事件的职业经理人或广告策划人。霸王那时借助功夫巨星成龙强势切入市场,可以说是抓住了最好的时机。随后,相继推出一系列产品,一举奠定了中药洗发的老大地位。

成龙是演艺圈名气、声望、口碑都首屈一指的功夫明星,是中国功夫的代表,具有传统文化特色,同时也是第一次代言日化洗发水广告。成龙的形象、地位及中国传统文化烙印,嫁接到霸王"中药世家"非常贴切。加上当初的广告打破了传统的特技制作洗发效果,而是代之以成龙亲自使用后真实的头发效果,给消费者感觉非常亲切、可信、真实。时至今日,我们就算忘记了其他的霸王广告,也会记得成龙拍的这支洗发水广告,加之终端宣传物料、产品包装以及"霸王花"的一对一推荐,霸王对自身品牌定位的宣传几乎无处不在。

还是在这一年,霸王从竞争对手那里陆续挖来了众多管理人员,其培训总监何女士就是其中的一位。这个被霸王内部称为"何妈妈"的人对"霸王花"的再一次辉煌功不可没,有人感叹"撼霸王易,撼霸王花难"。

2007 年,霸王的销售额一举突破 10 亿元。此后连续两年,霸王集团的整体营业额年增长率都在 20％以上,并成功于 2009 年 7 月在香港证券交易所上市。

上市之后的第二年,霸王正式推出凉茶产品,请甄子丹做代言人。但不久"二恶烷"事件爆发,严重影响了霸王洗发水的销量,当年霸王集团整体营业额大跌。一直到今日,霸王集团都尚未恢复元气。

霸王出凉茶，胜算几何？

研究霸王的发展，你会发现霸王并不是如外界所评价的那样，是不懂品牌定位的企业。相反，霸王是一家品牌定位与品牌延伸都能灵活运用的本土优秀企业。宝洁的品牌管理人员也多次赞扬霸王"中草药"洗发水品牌定位的成功。

总结起来，当时业内对霸王凉茶可以概括为以下几种观点的争论：

第一，霸王是洗发水品牌，品牌延伸进入凉茶行业，违反了里斯和特劳特的定位理论，必败无疑。

第二，根据凉茶行业的竞争现状，多年来除了和其正，但凡进入凉茶行的企业，无论实力怎样——像上清饮、潘高寿、念慈庵、顺、万吉乐、和其正、陈李济、白云山、黄振龙，背后的企业都是具备一定实力的——但最终都还是亏损得一塌糊涂。以此推论，霸王凉茶必然逃不出凉茶的亏损魔咒，下场也是一样。

第三，当前霸王品牌资产核心是"中药世家"，如果能充分利用好品牌资产，以及能顺利把品牌核心价值延伸到新品类上，胜败还是未知数。

当大家能够理论联系实战、经验结合数据、平心静气地一起来讨论霸王的品牌延伸问题时就会发现，无论霸王凉茶未来成败怎样，这都是一个很经典的品牌延伸案例，绝对可以载入 MBA 教科书，供后人参考。

当时的凉茶行业，的确只有红罐凉茶王老吉一家独大，占据了罐装凉茶市场 80％以上的份额。但是，这个垄断的局面，并不是一蹴而就的，而是经历了几轮的凉茶营销大战，中间有过无数惨烈的竞争。霸王凉茶的加入，又将挑起新一轮的凉茶大战，凉茶行业将会硝烟再起。

事实上,如果加多宝集团自己不出大问题,竞争对手是无机可乘的。

但是,从 2009 年以来,由于加多宝内部管理的问题,导致军心不稳,销售高管、推广部高管陆续离职,以及"裁员门"风波,多少给了对手一些切分凉茶市场这块蛋糕的机会。而且,有一天,加多宝人会发现,自己在战场上面对的敌人是昔日共事的伙伴,彼此之间战术毫无秘密可言,这样打起仗来,胜负自然是难测——霸王全国设置了 5 个销售大区,至少 1/3 的销售人员是从加多宝挖过来的,或者曾经为加多宝战斗过。

那么,霸王凉茶将来能否立足凉茶行业,相比之前失败的无数凉茶新品牌,能否有所突破?

跨品类的品牌延伸

当业内外人士探讨霸王品牌延伸做凉茶这件事时,很多人只是从定位理论来批评,不免显得有点教条主义。

合理的批评不可怕,用品牌定位理论来批评品牌延伸也是学术界和企业界的热门话题之一,但最怕教条主义者的生搬硬套,用某些所谓营销大师的话来吓人。这个世界上是不存在"营销真理"的,在营销界更是靠实战业绩检验一切,无论白猫、黑猫,只要用事实、业绩来检验下,就一目了然了。

一个营销项目结果的影响变量有很多,营销不同于物理、化学、数学,有着很严密的理论、前提条件。营销是社会科学,营销理论本身的来源和推导过程不是非常严格,也很难重复实现。

品牌定位也好,品牌延伸也好,都有无数成功和失败的案例摆在我们面前。康师傅、雀巢、三星是典型的品牌延伸和多元化案例,但很少被人批评,因为这些企业太成功了,几乎大部分延伸的品类都做得非常好。康师傅是方便面、茶饮料、包装水、酸梅汤的第一名，低浓度果汁饮料、饼干的前三名；雀巢是全球第一大食品集团，品牌延伸到多个品类；三星近年来取代索尼成为电子第一品牌，彩电全球销量和利润都是第一，手机销量全球第一，利润仅次于苹果。

某些定位论教条主义者完全无视这些品牌延伸的成功案例。套用教条主义者的话来看："消费者在喝康师傅饮料时，会觉得有油腻腻的方便面味道，从而心智上难以接受。"这种定位教条主义式的描述完全是武断是教条主义者把自己杜撰的一厢情愿的想法强加给消费者，并没有真实地研究过消费者心理。

一个优秀的品牌是建立了品牌资产的，只要合理地借用原有的品牌资产，能够在不违背品牌核心价值的前提下，适当地跨品类延伸，都有可能成功。

品牌定位资产模型如图 11-1 所示。

图 11-1　品牌定位资产模型

霸王在洗发水品类上，成功地建立了自己的一套品牌资产，品牌核心价值聚焦到了"中药世家"上，代表了中国传统的中草药文化。成龙的代言和产品本身的质量过硬，也建立起了品牌的知名度和美誉度。加上多年来霸王一直扎根在对中草药洗护产品的开发上，不断为消费者提供优质的中药洗发产品，其消费者对品牌联想度和忠诚度方面，也领先于其他本土洗发品牌。

如果霸王能够把"中药世家"的核心价值充分挖掘出来，巧妙地与凉茶文化对接，消费者在心理上是能够接受的，何况凉茶本来就是跟中草药文化同出一源。

当然，完成了这些工作，还只是第一步。

王老吉的成功，不是凉茶文化的成功，而是王老吉成功地跳出了凉茶的束缚，把自己定位成"怕上火"的饮料，一举把自己和可乐等其他饮料区隔开，提升了自己在消费者心智中的附加值，这才能支撑比可乐更高的 3.5～4 元每罐的零售价。

第二步，霸王凉茶除了要将"中药世家"的品牌定位和核心价值传承过来，另外在产品的卖点上也需要有具体概念和配方的支撑。但是，目前并没有看到霸王这方面工作的成效。

品牌延伸的第二条原则是"在没有竞争的地方不该用，在对手云集的领域里则该用"。如果有人认真看了这条原则，应该会同意霸王用品牌延伸进入凉茶行业。

经营企业，还是要看企业的综合能力，特别是对整个产业链上下游环节的整合能力，以及对价值链各个环节的掌控能力。相对于企业战略来说，品牌定位也好，延伸也好，都只是战术层面的，并不能决定一个项目的最终成败。

通过对相关资料的深入分析以及对部分当事人的访谈，接下来大家可以看出霸王在凉茶项目上是比较轻敌的，并且又犯了当年丽涛洗发水新品上市时的老毛病，甚至问题更多。

霸王在凉茶项目上的轻敌

第一，没有组建起一个完整的团队，这是在人力资源管理上的轻敌。

当时，霸王本来打算从加多宝、康师傅这样战斗力较强的饮料企业挖一个总经理或销售总监过来管理整个项目，但是最后一个都没有谈成。

一方面，加多宝的总监、副总、总经理等高管层基本是挖不动的，因为除了薪酬之外，加多宝的高管层本身也有红罐王老吉的区域经销权，所以他们的实际收入非常高，霸王给不到这样的薪水。

另一方面，康师傅出身的几个在饮料界赫赫有名的台籍职业经理人，薪水也比较高，而且工作都很稳定。这些台籍高管更看重企业家的经营理念、大局观和心态。

在没有找到总经理、销售总监、品牌经理的情况下，霸王还是决定继续开展凉茶项目，并且快速组建了全国五个销售大区，大区经理主要还是来自加多宝和康师傅。

但群龙无首，导致了很多销售决策都是随意制定的，实际上以霸王集团CEO万玉华的强势，基本上项目初期的所有营销决策都要经过她拍板，但是她并没有饮料行业的经验，这样的决策效率和效果可想而知。

而霸王在凉茶事业部的组织架构上也不完整，市场部基本还没有建立起来。一开始，霸王是有从广药王老吉挖了一个职业经理人做市场总监，但是仅仅两个多月时间，这个人就因为与万总理念不和而辞职。品牌经理也长期没有招到合适的人，前期基本都是由其他职能经理兼任。

第二，没有科学地进行品牌延伸，这是品牌战略上的轻敌。

没有总经理，这个短期就很容易看出有问题；但是没有品牌经理的负面效果,往往要很长时间才看得出来。没有一个优秀的品牌经理,导致了霸王在品牌延伸上比较随意,没有系统的规划。

无论是品牌定位,还是品牌延伸,都是很严肃和谨慎的一件事。我们可以把视野拉得更开阔,回顾一下 10 年来,那些陆续挑战王老吉的凉茶新品牌,有几个成功的?

念慈庵、白云山、黄振龙是用品牌延伸的方式,和其正、邓老凉茶、上清饮、万吉乐、春和堂是用新品牌,还制定了相应的品牌定位战略。特别是邓老凉茶,当时其品牌定位和品牌战略规划,是获得了业内外一致好评的,在第一年的实战中效果也不错,如果不是其家族管理体制局限了职业经理人的发挥,销量会比现在高出许多。万吉乐的品牌定位是非常有创意和杀伤力的,也站在了王老吉的对立面,前期比较成功地塑造出了新一代凉茶的形象。如果不是在销售费用管理上的失控,到今天发展势头都会很好。

很多人都喜欢批评品牌延伸,但很少有人去认真研究品牌延伸到底是怎么一回事。

首先,品牌延伸,不是把原有品牌名往新品类、新产品上一放,然后就拿去卖这么简单。比如,品牌延伸的好处是,不用投入大量的品牌广告费,就可以直接获取原有品牌的品牌资产,特别是品牌知名度。可惜,霸王就浪费了大量的广告费,本来这些费用是可以降下来让利给消费者和经销商的。

其次,企业要充分挖掘原有品牌的核心价值,在继承原有品牌核心价值的基础上,再研究哪些品类和产品适合我们延伸。更要研究怎样将品牌核心价值逐步过渡到新品类上,新的广告语如何提炼,品牌故事怎样撰写,新产品的品牌风格如何打造,等等。

最后,品牌延伸只有品牌知名度容易复制,品牌美誉度、品牌忠诚度这些没有 3 至 5 年是很难建立的。

第三,没有作系统和科学的市场调研,这是消费者上的轻敌。

　　霸王在进军凉茶项目前，还是做了很多的市场调查工作。比如，对加多宝的内部情况，比行外人士有更多的了解。

　　其实在 2009 年，加多宝的红罐王老吉并没有像某些策划公司吹嘘的那样，销量有很大增长，反而是略有下降。其内部的销售部和推广部为了业绩下滑互相推卸责任，这导致了销售部和推广部的两大负责人前后出走。销售部的总监去了燕京啤酒集团操盘九龙斋项目，推广部的总监后来移民去了国外。2010 年的加多宝，三大主力部队的销售部和推广部也是经历了较大的动荡，当然其另一大主力品牌部比较稳定，这是一大幸事。

　　霸王虽然了解到了这些情况，也挖了一些加多宝的职业经理人，但是没有对凉茶在各个渠道的销售占比、费用占比，特别是凉茶在不同渠道间的发展过程作进一步的研究，这是很大的一个失误。此外，霸王也没有认真研究凉茶和日化在营销管理、渠道管理上究竟有什么不同，而是想当然地认为两者的共同性大于差异性。

　　实际上，在实战当中，一个优秀的营销方案和军事作战方案，不在于在制作方案时大家讨论得多辛苦，思考得多严密，而在于制定方案前，对战局的充分了解、分析及判断。

　　如果营销将领已经充分了解敌我双方的实力对比，找到了敌军的弱点，以及想到了双方交战时战况可能的变化发展方向，那么他制定出来的方案几乎是不需要讨论的。

　　霸王对凉茶和饮料行业的经销商心态，也有一定的了解。霸王还请了当时号称全国十强之一的某策划公司为凉茶项目保驾护航，该策划公司也进行了渠道的调查，并做了正式的提案和报告。

　　但是，在凉茶项目上市前，霸王都没有做消费者调查，没有去研究哪些消费者认可将"霸王"品牌延伸到凉茶上，以及霸王品牌自身的优劣势。从凉茶上市后的消费者接受度来看，中低收入、三四线城市、西部区域的消费者更接受将霸王品牌延伸到凉茶上,而一二线市场、白领、中高收入者,则比较反感。如果之前能做消费者的系统调查,那么霸王凉茶上市区域的选择,主攻方向将会更明确,也就避免了全线出击,兵力分散。

第四,没有饮料业经验却打营销阵地战,这是竞争对手方面的轻敌。

霸王太自信了,甚至到了自负的程度,霸王把阵地战的三条作战原则都违反了,这样打营销战,百战必败。

霸王因为跟宝洁、联合利华等优秀对手作战了十几年,打出了自己的威风和品牌;就连宝洁的营销经理人,也常在不同场合赞扬霸王品牌塑造得成功,夸其终端霸王花队伍的战斗力强,认可霸王对中国传统中草药文化的挖掘。加之霸王在香港上市,陈氏夫妇成了日化届首富,这些都助长了霸王的骄傲与自负,认为自己真的是一代霸主,战无不胜。

如果霸王谦虚一点点,在凉茶项目上不是一开始就打阵地战,而是采取农村包围城市的方法,建立游击根据地,打游击战,那么这个项目会走得更踏实,也会走得更远。

所以,霸王集团起码得有五年的作战准备,从营销游击战过渡到运动战,最后才是打阵地战。霸王凉茶一上市就打阵地战,在自身作战系统都还没完全建立的情况下,就很自信地向强大的敌人正面攻坚,简直就是自杀行为。

2011—2012 年,霸王集团的整体销售额持续下滑,甚至爆出巨额亏损。凉茶从 2010 年的 6975 万元,到 2011 年增长到 1.67 亿元,但在 2012 年就下滑到不到 2000 万元的地步。因此,霸王集团打算把凉茶外包给经销商运作,降低营销费用与亏损额。

表 11-1　霸王凉茶上市三年来的业绩

年份	销售额(亿元)	盈亏状况(亿元)	营销费用(亿元)
2012 年	0.176	亏损　0.985	1.073
2011 年	1.673	亏损　0.869	1.706
2010 年	0.698	凉茶上市第 1 年，年报未单独显示凉茶盈亏	

　　备注:数据来源于霸王对外公布的年报,营销费用是按照凉茶业平均 50％的毛利率来推导计算。

跳出凉茶项目看霸王集团

　　为了更好地分析凉茶项目,我们不妨开拓思路,从霸王集团其他项目的成败得失上一探究竟。

　　很多人批评霸王不懂品牌定位,胡乱进行品牌延伸。但陈启源和万玉华夫妇毕竟身经百战,也成功地打造出了本土洗发水的第一品牌,学习能力并不一定会输给那些学院派和理论派的非实战专家。

　　让我们来看事实。从霸王公开的年报中,我们可以发现,霸王旗下六大主力产品,只有凉茶是用品牌延伸,其他的都是用品牌定位推出的新品牌。如果霸王集团品牌延伸的产品很多,批评霸王不懂品牌战略还说得过去。可是,无论从发展历史还是从旗下的几大品牌来看,霸王集团是更倾向于独立品牌和品牌定位的。本草堂、追风、丽涛等就是独立新品牌,从实际业绩上看,效果也还可以。

表 11-2 霸王国际集团 2012 年年报数据   (单位:人民币千元)

	2012 年下半年	2012 年上半年	2011 年下半年	2011 年上半年
霸王	193705	159080	271239	146733
追风	38946	63950	60998	84770
本草堂	31759	28935	43955	38795
丽涛	(2413)	17796	20330	48517
雪美人	3782	2832	3598	2712
霸王凉茶	267254	288701	449066	439843

品牌定位和品牌延伸,是一把双刃剑,是矛盾的统一体,各有利弊。

宝洁是品牌定位的祖师爷级企业,旗下有众多顶级的独立品牌,但是近年来也面临集团品牌老化情况,而旗下很多独立品牌都缺乏资源推广,不得不砍掉部分独立的小品牌。跟宝洁齐名的欧莱雅、联合利华对品牌定位和品牌延伸两大策略都运用得不错。

可口可乐用品牌延伸推出了很多新品,如:香草可口可乐、健怡可口可乐、零度可口可乐等,品牌资产不但没有被稀释,反而继续上涨,稳坐全球第一品牌的宝座。

霸王的追风洗发水,在二恶烷事件前也运作得不错。反而"雪美人"这个中低端的护肤品牌,尽管在很早之前就推向了市场,当初上市时也动用了很多空中广告来轰炸,超市的铺货率、生动化陈列也做得不错,但就是没做起来,一年才几百万的销售额。

所以,品牌延伸也好,品牌定位也好,一个新品项目的成败,关键还是取决企业营销作战的能力。该打游击战的项目打成了阵地战,结果肯定不理想。

第12章

和其正的失败与成功

　　和其正凉茶的成败得失,能够给后来者更多的启发和反思。因为这个案例,比之前读者所见到的其他案例影响更大,而且是有得有失。和其正前期经历过很大的失败,后期也获得了巨大的成功。在成败得失这一点上,除了王老吉,其他凉茶品牌无出其右。

　　和其正凉茶在刚出道的前两年,败仗吃了不少,也害苦了很多经销商。在其及时转变营销策略后,特别是瓶装凉茶的推出,才反败为胜,建立了当时在凉茶界第二品牌的江湖地位,销量据说突破 50 亿元大关(加多宝品牌没有诞生前)。当然,前期能坚持下来的经销商也打了个翻身仗。在和其正的带动下,达利集团得以顺利突破 100 亿元的营业额,进入了食品饮料界的第一集团军。

和其正的诞生背景

　　和其正由于上市时动用了强大的空军、炮兵开路——投了不计其数的线上媒体广告和线下推广活动,所以知名度在短期之内提升得非常快。其背后的母公司达利集团在饮料界反而显得有点默默无闻了。实际上,达利园是饼干、薯片等休闲食品的品类隐形冠军,也是隐形的渠道"织网大师"。

达利集团奉行"做大众喜爱的食品"和"见店就有"的宗旨,它的达利园蛋黄派、好吃点饼干、可比克薯片早已成为全国大众市场的第一,成为三大品类销量绝对的老大,成为糕饼王国的一哥。达利园拥有自己独特的企业战略和运营模式,渠道越下沉做得越来越好,邮局到不了的地方都有达到的产品。当你去到西藏最偏远的小店见到它们的产品,会感叹其渠道的强势。

达利的确不是头脑发热才想要进入饮料界,而是经过了反复的调查、论证和最终决策。

从前期大量的市场和消费者调研,中期"做与不做"的详细分析讨论,还经历了后期否定之否定、颠覆之颠覆的方案修改,最后达利的创始人许世辉在深思熟虑后下决心大做。达利集团在半年之内,一次性地在自己的6大片区上了12条生产线,于2006年年底全部安装到位试产,系列重磅广告也于年底前全部策划创意及制作完成。这些都为下一年的阵地战大进攻作好了准备。

无论是军事战争还是营销战争,阵地战失败的风险是非常大的。当然,达利的实力明显比我们之前介绍的其他几个案例中品牌背后的企业集团更强大,准备更充分,也有更大把握。其实,邓老凉茶背后的新南方集团,横跨房地产、医药、酒店等多个领域,论资产、营业额等(硬实力),新南方实力还在达利之上。但是,客观地分析,进入饮料行业,达利在食品领域的渠道资源八成以上可以共享,反而节约了前期大量的人力物力,而且在营销策划、销售管理模式上(软实力),食品与饮料的相似度也非常高。相比之下,新南方、霸王、万基则是饮料领域的门外汉了。所以,综合来看,达利在饮料界的实力远比前几个企业要强。

很多知名的国际食品巨头和国际投资巨头闻风而动,主动上门寻求合作。但达利集团始终坚持和深信"中国品牌中国造",决心要扛起民族品牌这面大旗,另外也是因为乐百氏、娃哈哈和达能合资失败的教训实在太大,达利最终选择了独自前行。

第一轮进攻：阵地战

2007 年 3 月重庆春季糖酒会上,达利拉开了阵地战进攻的序幕。

以和其正凉茶、达利园蜂蜜绿茶、达利园优先乳为主的饮料六大品类初步全国招商就大获成功,赢得 20 亿巨额订单。刘若英、高圆圆两大代言人也到场助阵。随后各大品类产品在部分区域市场试销时大受欢迎,甚至导致产能跟不上。为了更快更好地发展,达利集团决定扩大战略投资,再增加 18 条饮料生产线,力争在 2007 年年底全部安装到位并投入生产,为 2008 年的预期增长作好准备!

这样前后总投资将超过 20 亿,而所有资金全部由自己投入,不外包贴牌生产,不合资,不上市圈钱。达利园饮品的大手笔投入在饮料界堪称前所未有,不仅大投大上,而且快投快上。当时,作者也为达利捏了一把汗。

因为,饮料行业在品类上的集中度相对比食品要高很多。比如饼干、蛋黄派,随便在任何一个销售终端,该品类都有十多个品牌在销售。而饮料,基本一个品类中只有两三个品牌在终端销售。

茶饮料在一线城市,基本以康师傅和统一为主,各个区域会有当地的强势品牌。江浙可能是麒麟和三得利的茶饮料,广东是可口可乐的原叶,江西是润田,河南河北有今麦郎,全国农村肯定少不了娃哈哈的茶饮料。

凉茶当时在广东就有若干品牌,邓老凉茶、念慈庵、上清饮、潘高寿、深晖、晨光、黄振龙、老中医、星群夏商菊、宝庆堂、杨协成等。

和其正在糖烟酒招商成功后，随后在全国扩招销售团队。达利最开始从节省费用的角度考虑，还是让原有的食品销售团队先兼做饮料，只是每个区域增加一点人手。在最开始，这样的销售架构看不出什么问题，可是给后面留下了很大的隐患。因为，一支军队要凑人数，非常容易，拉壮丁就可以了。同样，一个企业在媒体上打打招聘广告，同时让经销商、内部员工发挥关系介绍下，招聘个几千人来不是问题。但是，这几千人是组成了一支能攻善守、纪律严明的铁军，还是乌烟瘴气、纪律涣散的杂牌军，就需要实战来检验了。

当时，和其正是希望用低价来冲击下王老吉原有的价格体系。

表 12-1　和其正与王老吉 2007 年的价格体系对比

品牌名	规格	出厂价 (元/箱)	二批价 (元/箱)	终端拿货价 (元/箱)	终端零售价 (元/罐)	餐饮价 (元/罐)	餐饮零售 (元/罐)
和其正	1×24	60	64~65	68~70	3.5	比竞品供价低2元	与竞品售价相同
王老吉	1×24	65	67~68	70~72	3.5	不变	4~6

和其正的空中广告也跟全国各大媒体谈好了排期，并按照给经销商的承诺，如期投放。

和其正的广告语是："清火气，养元气，中国凉茶，和其正"，其希望传递的品牌定位是"清火气、养元气"，这与王老吉的定位"和而不同"。

"火锅好吃，容易上火，和其正凉茶，清火气"，听上去，和其正广告旁白的清火气与王老吉怕上火相同，这是当时的策划团队希望继承凉茶品类的共同特性与优势。策划团队给和其正提炼的差异化是"养元气"，希望在这一点上与王老吉不同。

和其正的品牌代言人选用陈道明，是看中了陈道明"善养浩然之气"的气质，他能把元气、静气、正气和王者之气养于一身，有一种清明内敛的气场与力道。陈道明还有种气定神闲、不浮不躁的超稳定力,有种"内圣外王"的底蕴和信任感,有种"高度决定广度"的主流影响力和感召力。

在代言人这个点上,行业内外一致认为选得好。但在饮料旺季来临时,很多其他方面的问题渐渐浮出水面了。

第一轮进攻的成败得失

第一个问题,是销售团队的招聘和管理。

达利集团最早是希望借用饼干、薯片等食品渠道,让经销商来操作市场,终端也是由经销商来掌控,销售人员也是先让饼干的业务员兼做,后来发现大部分区域问题非常多。比如,在旺季时,原有食品销售人员由于缺乏饮料的销售经验,特别是终端维护的经验,执行不了生动化陈列,饮料的销量就难以提升;新招的饮料销售人员也是良莠不齐。而且饮料是新品上市,达利给出的销售费用比食品多,但由于扩张太快,部分区域的费用管控也不到位。

达利集团只好另外招聘饮料业的销售人员来精耕市场,并加强了整体的销售管理。这样逐步转型,形成了部分区域是食品的渠道模式操作,部分区域采用饮料业的通路精耕,目前仍然没有转型完毕。

阵地战,因为战线长,扩张快,销售团队的管理和军队的管理都是一个高难度的活。

第二个问题,便是价格的管制。

和其正虽然计划得很好,价格体系相比王老吉的确是有一定的竞争优势,但由于是全国招商,加上自身销售团队人员和经验不足,导致价格没有完全执行下去。很多经销商接到新品时,想前期多赚一点,往往喜欢制定较高的供货价,导致终端零售价水涨船高。达利集团本来希望和其正的零售价在 3.2~3.3 元,比王老吉低 0.2~0.3 元来形成竞争优势,结果,很多终端的零售价是 3.7~4 元,反而比王老吉贵 10%~15%,导致消费者拒绝购买,旺季时动销不了。

作者在很多超市有仔细观察,发现和其正跟加多宝的零售价基本持平,都是稳定在 4 元左右,但是生产日期就就差很远了。

第三个问题,是关于品牌定位。

和其正的"清火气,养元气"这句广告语,消费者的确是记住了,证明这句话朗朗上口、有记忆点,但是很少有消费者是因为这句广告语去买和其正。当年广东本土的某凉茶企业曾经做过一次大范围的凉茶市场调查,把广东跑了个遍,至少广东的消费者对这句广告并不"感冒"。

"清火气",还是跟在王老吉后面,没差异化,没新鲜感。因为广东当年有上百个凉茶品牌差不多都有雷同的广告诉求,最后都成了王老吉的战俘。"养元气"这个概念太空洞,让消费者不痛不痒。其实当年作者是很喜欢这句广告语的,觉得雅俗共赏,很有中国文化的韵味。当然,另一方面也许是因为比较佩服和其正背后的品牌策划人——谢佩伦。可是调查结果出来让人倒吸一口冷气。一罐小小的凉茶,被上升到保健品和中国文化的高度,离消费者太远了,很少有消费者相信一罐凉茶能补元气。

从这件事情上,我更加坚信一个好的策划案需要先做大量的市场调查工作,特别是对消费者心智的调查和分析。我曾仔细研究过策划界这些前辈的方案或经典案例,发现凡是做得成功的,往往是前期调查工作做得扎实;反之,失败的概率就大很多。

不得不说,达利集团实力还是很强的,渠道和销售团队有一定的战斗力,在其大本营的福建和部分三四级市场,凉茶销售情况还不错。

第二轮进攻：运动战

在吸取了阵地战失败的教训后,和其正及时改变了营销策略,渐渐采用了正确的作战方式。从实际效果上,达利 2007 年对外宣传和其正销量 7 个亿,但是远没有达到预期目标,而且传出了巨亏 8000 万的消息。

运动战的第一条原则是:快速机动,各个击破。和其正反省了阵地战进攻的诸多弊端后,对第一年空中广告投放在全国性媒体的做法进行了调整,第二年倾向于投放区域媒体,兵力更聚焦于王老吉宣传相对较弱的省市。比如广东,除了广州外,和其正选择了深圳来重点进攻。

红罐王老吉在当时基本效仿了康师傅的通路精耕的方式,其销售骨干很多也是从康师傅挖过来的人。这种方式的优点是:对大卖场、超市等现代渠道和终端的掌控力非常强,也适用于一二线城市;不足之处是:渠道越下沉,会导致费用越高,销售管理不够精细化,批发市场、便利店等传统渠道,控制力就相对弱些。

从整个凉茶市场的调研数据来看,和其正在两年内就夺取了 6.9% 的市场份额,这已经是 10 多个亿的销售额了。特别是在传统渠道,占比就更高,和其正很明显夺走了绿盒王老吉和二三线凉茶品牌的部分市场份额。

业绩是不会骗人的,实践是检验理论的唯一标准。之前很多评论人写和其正凉茶的分析文章,大都喜欢从消费心理的角度、从品牌定位的角度来分析,千篇一律。很少有人从营销作战方式、渠道、产品、销售管理的角度来综合分析。仿佛市场营销的胜败,就只取决于品牌定位一个因素上。而且,对同样一个品牌定位或者广告语定位,有人赞成,有人反对,都是正常的,那么怎样来判断对错?还是那句话:"实践是检验真理的唯一标准"。

达利集团在传统渠道是有优势的，只是在一开始制定营销方案时，没有找到一个能发挥渠道优势的作战策略。

达利集团发现自身前期的阵地战进攻存在请多问题后，很快就作出了策略上的修改，从产品包装上找到了侧翼进攻的机会。品牌广告语从"清火气、养元气"改为"大瓶更尽兴"、"瓶装更大气"。进攻策略上避开了对王老吉罐装凉茶的正面进攻，而是用有性价比优势、携带方便的瓶装凉茶，从侧翼撕开了王老吉的防线。

王老吉其实很早就推出过瓶装凉茶，但是不太受重视，所以没有推广成功。而和其正出瓶装时，加多宝的人受了策划公司和定位理论的影响，认为继续聚焦在单一产品上，更有利于抢占消费者心理。事实证明，这个是犯了教条主义的错误。菲利普·科特勒都说过："没有降价抵消不了的忠诚度。"和其正的600毫升瓶装跟王老吉310毫升罐装的零售价一样，即瓶装产品只有王老吉罐装的一半价格，和其正的产品策略跟当年百事可乐"同样价格、两份产品"何其相似。

而根据运动战的第三条原则"乘胜追击，扩大战果"，和其正在其600毫升的瓶装凉茶获得成功之后，又马不停蹄地推出了350毫升、1500毫升的瓶装，没有给后来的竞争对手留下太多的空间，同时也充分利用了瓶装的性价比优势，占有了更多的市场。

根据AC尼尔森2008年7月至2009年6月的全国凉茶零售数据显示，瓶装600毫升和其正的销售占比达到61.8%（占和其正凉茶整体销量的比值），罐装310毫升的销售占比为34.8%，瓶装1500毫升销售占比2%，瓶装350毫升销售占比1.3%。

虽然350毫升、1500毫升瓶装的销量不大，但是有力阻击了其他二三线凉茶品牌的跟随。

表 12-2　2008 年 7 月—2009 年 6 月 AC 尼尔森全国凉茶零售数据

2008 年 7 月—2009 年 6 月 销售额份额	红罐王老吉 （％）	绿盒王老吉 （％）	和其正 （％）
核心城市	54.2	37.9	1.2
全国 A 城市	65.8	21.7	4.6
全国 B 城市	67.5	15.5	5.7
全国 C 城市	72.0	9.0	8.5
全国 D 城市	71.9	10.7	10.8
全国乡镇	70.5	9.5	9.9

第二轮进攻的经验总结

和其正如果不是在第二年改打运动战，这个项目是不会那么快盈亏平衡，获得成功的。

达利集团经过 18 年来对各级渠道网络的不断发展和完善，目前在全国 31 个省、市、自治区有 1500 多家经销商，批发网点超过 10000 个，终端渠道铺市率近 90％。

从实际销售数字来分析，渠道越下沉，和其正的销售占比越高，甚至在 D 类的四线城市和乡镇市场，和其正销售额已经超过绿盒王老吉，这也反过来证明了达利集团的渠道优势（见表 12-3）。食品界把达利称为娃哈哈的翻版，的确是有道理的。

阵地战的第三条原则是，先攻打农村和中小城市，后攻打大城市。这条作战原则非常适合达利集团的渠道优势。到现在为止，和其正的成功跟它自身的品牌定位、广告创意的相关度是比较小的，实际上，从对一线经销商、终端店主调查的反馈来看，和其正的品牌定位也并没有外界想象得那样成功。

品牌定位是企业正确营销的结果，不是原因。

即使企业的品牌定位非常成功，但是营销作战方式选错了，仗也会输得很快，活生生的案例比比皆是。

百事可乐是因为跟可口可乐、康师傅、统一、娃哈哈打阵地战，消耗了太多的资源，加之内部管理失控，导致每况愈下，最终被康师傅收购。

五谷道场，"非油炸"的品牌定位是业内外都公认的成功定位。但是其创始人选择了在实力不具备的情况下，盲目扩张，盈利模式还没有建立起来就在全国开打阵地战，导致现金流断裂，功亏一篑。

大家可以成为品牌定位理论的粉丝，但不能成为定位理论的教条主义者。

第13章

草本乐，百事可乐的凉茶

之前,江湖上曾传言百事可乐洽谈过收购王老吉品牌一事,但最后不了了之。但是戏剧性变化在于,百事可乐中国的业务之后却被康师傅所并购,不得不让人感叹饮料江湖的变幻莫测。

很多品牌理论专家总喜欢批评国内的企业抄袭跟随,可是实际上百事可乐在成长之初的几十年,也一直在模仿跟随可口可乐,从瓶型、商标、品牌视觉、渠道策略、广告诉求等都尽力模仿。在理论派的专家眼中,百事可乐是既有品牌定位也有产品创新的品学兼优的好学生典范,而娃哈哈和康师傅则是品牌延伸过多,又经常模仿竞品(不听这些专家的建议)的淘气学生。

可是,在中国,究竟是娃哈哈、康师傅这类淘气学生的营销做得成功,还是百事可乐这个好学生呢?

百事可乐推出草本乐的营销策略,便让人感到奇怪,既不像营销阵地战的打法,也不像游击战和运动战。

草本乐的品牌策略,又想走时尚饮料的路线,又想能与中国的草本文化、健康养身等传统概念一脉相承,这导致其在品牌定位上犹豫不决。

百事进军凉茶市场

为了在植物饮料，特别是凉茶领域找到新的突破点，前几年，百事可乐以滋补、养生为卖点的草本乐在国内部分地区上市。

当时，可口可乐在果汁饮料、碳酸饮料、茶饮料、包装水等领域已经遥遥领先，百事则希望通过草本乐在凉茶等植物饮料领域寻求新的突破点，来拉近双方营业额的距离。

数据显示，在中低浓度果汁市场中，可口可乐美汁源的市场份额为25%，美汁源品牌旗下的果粒橙一年的销量接近20亿瓶。其次为康师傅和统一，而百事的果缤纷只占了7%不到。

茶饮料市场，康师傅与统一两位先行者所占据的市场地位非常牢固，遥遥领先，可口可乐则凭借着前几年成龙父子的人气带动原叶茶系列，在茶饮料市场也取得了不错的成绩。

包装水品类，可口可乐的天与地、水森活等包装水都进入了全国前十名，而百事可乐的冰纯水只排在十几名。

所以，此次百事可乐发力植物草本与凉茶饮料，不仅是看好该饮料品类的前景，也是市场竞争压力下的无奈之举。未来几年，百事计划将在中国投资10亿美元，主要用于建设新厂和研发，研发的重点就是凉茶、植物饮料等非碳酸饮料。

草本乐的营销策略

营销战策略——游击战

百事经过市场调查和细分后所瞄准的目标消费对象是当代社会的奋斗者一族。

奋斗者是指那些年龄在 23～29 岁,身处事业上升期,为快速追求成功而正在努力奋斗的社会中层。奋斗者是中国目前最大的消费群,他们的共同点是:追求地位、权利,又不忘保持身体与精神的健康,同时更希望拥有忙碌而又精彩的现代生活。

百事认为草本乐契合了奋斗者们的消费需求,希望草本乐以一股"清新、滋润"之风为当代忙碌的奋斗者们带来健康、美味的补水生活,并期望草本乐所秉承的轻松养身理念,也将随着它的普及而迅速风靡全国各大城市的写字楼。

百事虽然对草本乐寄予厚望,但是凉茶行业通常希望越大,失望越大。当初念慈庵、上清饮、潘高寿、白云山上市时,每家企业都寄予厚望,但是结果都不理想。

营销游击战的第二条原则就是:建根据地,找一块可以守得住的游击根据地。这个游击根据地,实际上就是细分市场。"奋斗者"这一目标细分市场,是消费者行为和生活方式意义上的细分。应该说,一方面,百事的这一营销作战策略还是很有可取之处,也表明了百事不愿意在凉茶这些新兴品类市场冒太大风险,想先小规模尝试下。

但是,另一方面,发动游击战,光是细分一个目标消费群是远远不够的,渠道策略、区域执行上,草本乐的针对性和细分意识都还需要进一步完善。

草本乐新品一上市,就开始进入 KA 大卖场和连锁便利店这种难攻难守的渠道,很多全国一二线城市都有进入大卖场的货架,这就违反游击战的原则了,反而打成了阵地战高举高打、全方位进攻的模式。

如果要打游击战,前期新品上市时可以选择走商务写字楼附近的传统渠道终端、中高档社区的零售小店、商业街的便利商店等这些传统渠道,费用更少,效果更明显。

百事可乐、可口可乐这类企业,是很擅长打大规模的阵地攻坚战的。游击战,的确不是两乐的强项。

产品策略——轻松养身

草本乐是百事基于中国传统草本理论及消费者"轻松养身"观念,开创的一款健康功效凉茶饮品。

作为百事首款中式草本饮品的先锋,草本乐拥有两种差异化的口味:一个是清润系列,荷叶精华+菊花精华;另一个是温润系列,枸杞精华+红枣精华。

清润系列中的菊花,采用的是来自杭白菊之乡——浙江桐乡的杭白菊,杭白菊又称甘菊,是浙江省八大名药材之一,也是菊花中最好的一个品种。《本草纲目》记载,菊花"其性味微寒,微甘,具有散风热、平肝明目之功效"。加上江南荷叶,更能"清热解暑、驻颜轻身"。

温润配方中的红枣,是采用河北沧州有三千多年的历史的金丝小枣,其被誉为名枣之冠。《本草纲目》也有记载"枣味甘性温,甘能补中,温能益气"。而枸杞也是选用原产地宁夏的上好枸杞,《本草纲目》认为枸杞能"明目安神,令人长寿"。

百事在产品研发的机理和文案诉求上,还是花了很多心思。

百事也为饮品加入了"回归草本"、"轻松养身"等众多元素,草本乐号称是一款融合中国传统草本理论和现代灵感、符合中国人体质的、可以帮助人们轻松达到养生需求的草本天然健康饮品。但是,很多消费者觉得草本乐的这些宣传有点像保健品的感觉,不着边际,没有落到实处。

百事对草本乐"轻松养身"的功效是这样宣传的:"清润系列可清热去火,主对阳盛者;而温润系列可温润滋养,主对阴盛者;两款饮品各有功效,平衡阴阳,让人体达到最大的和谐与平衡。"

百事并没有站在消费者立场去思考问题,难道消费者喝饮料前还要去检查自己是阳盛还是阴盛吗?

一个好的产品卖点,必须要容易被消费者理解和记忆,"轻松养身"并不具备成为一个好卖点的前提条件。

草本乐的瓶身上印有"同仁堂推荐产品"几个字和同仁堂的商标,但并没有申请到保健字号,同仁堂的品牌对单纯的饮料发挥不了品牌担保和品牌形象提升的作用。

草本乐还有一个很大的硬伤,那就是作为一款植物饮料产品来说,它的味道实在是一般,还不如香港东一堂、香港鸿福堂的植物饮料系列好喝。根据第三方的调查,很多消费者在便利店喝过一瓶草本乐后,再也没买过第二瓶。

广告策略——诉求情感

百事草本乐代言人选中了吴彦祖,并让其前往云南,拍摄草本乐全球首部广告。

为了展现草本乐"真实草本、轻松养身"的品牌理念,百事不仅选用了宽屏电影胶片进行全程拍摄，更特意为酷爱旅游的吴彦祖选择了生态自然、风景秀丽的丽江作为外景拍摄地。

除了真实山水，丽江古城中处处洋溢着浓厚的民族风情，也煮红枣汤的阿婆、晒中草药的少女、神秘的纳西古乐器……

当年很多业内人士就预言，草本乐的广告拍摄出来后一定很唯美，但也一定对提高销量没有太大帮助。

对于一个饮料新品牌，策划时要想好其品牌的双重定位，用公式表示就是：品牌整体定位＝功能定位(理性诉求)＋情感定位(感性诉求)。

草本乐"轻松养身"的情感定位很容易通过唯美的广告传播，但是功能定位则很难体现。品牌整体定位的两大诉求，功能定位是必须规划在前做基础，缺乏功能定位的情感定位，是无本之源，注定不能长久。

草本乐的营销败因

可口可乐在健康工房凉茶上的失败，又在百事的草本乐身上重现了。两乐的营销战略、营销模式比较相似，也导致两者在新品项目的成败上，有很多相通之处。草本乐的几大败因，之前在健康工房产品上已经出现过类似问题。

可惜，前车之覆，未必被后车引之为鉴。

第一大败因——缺乏合理的营销作战方式

草本乐很适合用营销游击战的方式来推广，一开始也瞄准了细分消费群，但后来百事忍不住全线出击，用阵地战的方式正面进攻对手防守坚固的阵地。运气不好的是,敌军的阵地是双重防守。

第一重,终端阵地。

加多宝(当时经营红罐王老吉)、和其正、东一堂、鸿福堂等强敌都有着防守严密的终端货架,这类型的阵地短时间难以突破。百事虽然可以很轻松地把草本乐放上货架,可是很难大范围争取到生动化陈列和更多的产品摆放位置。在终端,产品的销量和陈列的数量是成正比的,没有更多的陈列位置,销量就很难提升。到了年底,超市会严格按照游戏规则,把销量落后的踢下货架,末位淘汰。

第二重,心智阵地。

和其正、东一堂、鸿福堂等强敌已经通过大量的传播方式,在消费者心中建立起了品牌定位的阵地,短期是无法攻破的。

百事草本乐要想打胜仗,不该急着去请明星做代言人、拍摄广告片、投放大量广告,这些都是阵地战的营销作战模式,投入大,产出却往往不成正比,甚至很小。

阵地战,外行看上去热闹,但实际的作战效果并不理想。在敌军有双重阵地的坚固防御下,游击战和运动战可能更适合新品上市阶段。

如果打游击战,草本乐就应该去找出敌人力量分散的地方,建立根据地。

换作打运动战,百事需要避开敌人防守牢固的正面阵地,从敌人的侧翼进攻,出奇制胜。

第二大败因——品牌定位上的摇摆

从草本乐和健康工房的包装,可以发现包装色彩并不和谐,很明显是缺乏直击消费者心智的品牌定位。为什么会这样?

也许,有很多原因。比如,为百事服务的广告商不敢坚持自己的意见。色彩上的问题,绝对不是4A广告公司会犯的低级错误,应该是作为广告主的百事公司内部有太多的人一起参与讨论,为了平衡大家的意见,最终采用了这种平庸的色彩包装图案。

草本乐和健康工房的包装的共同问题在于,颜色过多,元素过多,导致视觉效果混乱,无论在终端货架上,还是给消费者第一眼的感觉上,产品都抓不住眼球。

但包装色彩的不和谐,最主要的内因是缺乏品牌定位,或者定位不清晰,导致设计师无法有一个人格化、清晰化的品牌理念去指导整体设计。

可口可乐和百事可乐这类外企集团旗下各个品牌的定位战略,基本上在多年前就确定了,不需要职业经理人改动,只需要执行。某些在外企500强等各种光环笼罩下的市场策划人员,当他们没有了强大的集团市场总部的支持与指导,没有了4A公司的智力辅助,其独立推广新品牌的失败率是比较高的。很重要的一个原因,就是外企的职业经理人品牌定位的独立作战能力相对较弱。

你身后有一个强大的团队支持,与你自己一个人独立作战,感觉完全不同。营销将领是否具有勇气、果断、智慧等品质,只有当他独自作战时才看得出来。

第三大败因——协同作战能力不强

两乐在全国的各个灌装厂和分公司的利益并不一致,这一点对于新产品的推广是比较致命的。

如可口可乐在中国有几大合作伙伴——中粮、嘉里、太古,这几个伙伴能不互相窜货就很好了,想让这些企业步调一致,要对股权结构和组织架构作很大的改动，这暂时是不可能的。

百事可乐内部也有同样的难题。百事可乐在全中国的合作公司中，股权比可口可乐更加分散，合作伙伴数量众多，总部的命令更难执行下去。百事中国业务被康师傅收购后，康师傅一定会全力整合各个分公司，加强协同作战能力，从2012年的初步效果来看，比较理想。康师傅总裁魏应州在2013年第一次参加百事全球年会时，就拿到了一个最大贡献奖，因为百事可乐中国的增长率，首次超过可口可乐中国。

第四大败因——大企业病

大企业中，每个人都害怕承担责任，从而患上了组织依赖症和外脑依赖症。

大企业的企业文化特别强，对员工洗脑很严重，对自己的高级职业经理人也是如此，概不例外。营销经理们比较依赖公司以前的营销作战模式，依赖广告、策划、调研等外脑公司。虽然有时候新产品的创意很好，但是公司的营销模式和营销战略却基本是固定了，千篇一律，这也是外企文化洗脑后导致的固定思维。

大企业中，职业经理人资历越老，固定思维越严重，独立思考和创新能力也会越弱。虽然大企业经常标榜自身的培训体系和人才培养做得好，但是，大企业经常在高层管理人员的职位上用空降兵，甚至是CEO、CMO这类的重要职位。

当然，大企业固有的弊端不只是存在于饮料行业，其他行业概莫例外。

爱立信、摩托罗拉、诺基亚这三个全球手机行业的巨人，也是败于企业的固有思维，不敢推广创新成果。实际上，智能手机是诺基亚最先研发出来的，而不是苹果。数码相机也是柯达最早研发成功，而不是尼康和佳能。

百事可乐如何打造凉茶新品牌?

百事可乐、可口可乐的全球优势,在凉茶和植物饮料品类上发挥不出来。美国本土的植物饮料品类占比很小,加上美国人和中国人的口味也不同,所以在产品研发、口味调试上,两乐的美国总部都帮不了中国区。草本乐的口味不被中国消费者喜欢,也跟百事中国区的本土独立作战经验缺乏有关。

更何况,凉茶和植物草本饮料行业,百事面对的敌人实力都很强大。王老吉与加多宝、和其正与达利,这些品牌和企业的实力、战斗力,不用多说,就算是香港东一堂、香港鸿福堂这两个华南的区域性品牌,因为扎根在香港和广东,产品力非常强,在很少投放广告的情况下,就已经能保持每年销量的稳定增长。

广东市场相当于东一堂和鸿福堂的游击根据地,百事恰好又是选择广东作为重点的试销区域。在对手的根据地市场作战,后果可想而知。在广东,东一堂和鸿福堂就是两个强敌。

在凉茶和植物草本饮料行业,谁才是分散与孤立之敌?

之前,大家都把眼光盯在强大的王老吉、和其正等前几名品牌身上。反而忽略了那些存活不错的第四名、第五名甚至前十名的区域品牌,以及侧翼进攻的营销运动战的好机会。

根据第三方调研公司的数据,全国凉茶销量第四的品牌是宝庆堂。宝庆堂是深晖旗下的凉茶品牌,其总部在深圳,在广东的市场做得不错,但离开广东市场,营销战斗力就逐步下降。

百事需要避开在广东这个根据地与宝庆堂、东一堂、鸿福堂正面作战,而转去重点进攻广西或福建等同受凉茶文化影响的华南市场，选其中一两个省，甚至选择一两个城市，建设游击根据地。在产品线或者产品口味上，可以向这些优秀的敌人学习借鉴。相对而言，广西、福建的本地凉茶品牌，算是比较容易攻打的细分市场。

从实战角度，从消费者心智的角度，用美国百事可乐和可口可乐的方式去打造一个具有中国本土文化代表的凉茶新品牌，你觉得会成功吗？

恐怕极难。

但是，如果百事可乐、可口可乐能成功收购一个凉茶的二三线品牌，如春和堂、邓老凉茶、念慈庵、白云山、陈李济等其中的某一个，先稳扎稳打，用游击战、运动战的方式在局部市场展开试点攻击，建立根据地成功后，逐步向周边扩张，这样几年之后，其他二三线凉茶品牌是首先被攻击的目标，大量的市场份额会被逐渐蚕食。凉茶行业，或许会从加多宝、广药王老吉、和其正的三足鼎立，演变为四国争霸战。

第14章

宝庆堂，凉茶业的无名英雄

全国前三名的纸盒凉茶品牌，你知道是谁吗？

第一名当然是绿盒王老吉，第二名和第三名，大部分营销人士可能都不知道。

那么，全国销量前四名的凉茶品牌，你能说出名字吗？

前三名自然是加多宝、和其正、广药王老吉，第四名从来没有人关心过，自然也没人研究过它是怎样成功的。

事实上，根据独立第三方的市调公司和利乐等包装供应商提供的凉茶行业调研数据，纸盒凉茶第一名是广药旗下的绿盒王老吉，市场份额占比在30％左右；第二名是惠尔康，约15％；第三名是深晖凉茶，占10％左右。如果按照广药的年报推算，绿盒王老吉一年也有近20个亿的销售额，惠尔康在10个亿左右，深晖有6亿～7亿。

根据2012年国家统计局中国行业企业信息发布中心的报告，在凉茶市场上，第一名是加多宝，市场占有率73％；第二名是广药王老吉占8.9％；第三名是和其正占4.3％；第四名是宝庆堂占0.5％。之前宝庆堂从未进入过大家的视野，一直默默无名。

宝庆堂虽然只有全国不足百分之一的市场占有率，但如果按照加多宝200个亿的年销售额来估算，宝庆堂至少也有过亿的销售额了。而且，宝庆堂的营销费用，远远比同为二线品牌的霸王凉茶、邓老凉茶要花得少，投入产出比更高。

如果我们再告诉你宝庆堂和深晖都是同一个企业旗下的凉茶品牌时，你一定会更加惊讶。深晖和宝庆堂加起来一年有好几亿的凉茶销售额，而营销费用投入却不多，实在是凉茶业的无名英雄。

不要看霸王凉茶、邓老凉茶、上清饮、潘高寿、白云山凉茶、顺牌凉茶、清酷凉茶等当初广告铺天盖地，产品铺货满街都是，但这种高举高打的方式，是靠透支营销费用而来，难以长期支撑，最后往往以巨大亏损而告终。

可见霸王凉茶、上清饮、潘高寿、顺牌、清酷并不是值得中小企业学习的榜样，宝庆堂和深晖才是中小企业的好榜样，才是凉茶业该表彰的无名英雄。

深晖凉茶，与王老吉并称"南粤双雄"

深晖是潮汕老牌凉茶企业，成立于1993年，深晖最早一直以代理饮料产品为主，尤其以代理海南椰树牌椰汁在业内闻名。多年来，曾一直是海南椰树椰汁国内的最大代理商。后来总部搬到深圳，并在深圳建立了代工厂和饮料贸易代理公司。

此外，深晖还有自己的饮料品牌、数条饮料生产线，自有品牌以利乐包凉茶在业内闻名。当初，深晖的冬瓜茶、菊花茶、清凉茶以独特的配方、甘甜的口味畅销南粤大地。

20 世纪 90 年代时,潮汕地区村里的家家户户每到夏天都要到小卖部买上一两箱冬瓜茶、菊花茶、清凉茶等,以备消暑解渴之用。很多小卖部怕卖断货,所以仓库总是囤积了满满的深晖饮料。到了每年端午节划龙舟等大型节假日的时候,村里的妇女老少都会坐在河岸边一边喝着深晖的凉茶,一边欣赏龙舟比赛或其他节目。当年的深晖纸盒冬瓜茶、清凉茶只卖 1 元钱,货源紧张的时候最多也只卖到 1.2～1.5 元,远低于 2 元的绿盒王老吉。

2003 年之前,深晖的凉茶系列产品,销量加起来不亚于当时的王老吉系列产品。论及纸盒凉茶的销量,深晖当时力压绿盒王老吉,是广东第一,应该也是全国第一(凉茶主要在广东销售),可以说与王老吉并称南粤双雄。

宝庆堂,横空出世

2003 年左右,深晖公司推出了"宝庆堂"凉茶系列产品,有罐装和纸盒装,首先在深圳市场悄然登陆,并迅速占领了深圳的各类卖场、超市,让消费者眼前一亮。

当年,在凉茶行业,罐装王老吉的地位无人可以撼动,而像春和堂、二十四味、邓老凉茶、黄振龙等其他早期的凉茶品牌则各有所长、势均力敌。深晖公司希望凭着高品质的产品,以及多年生产、代理饮料建立起的市场基础和相关经验,让新品能取得一席之地。深晖企业给宝庆堂的目标是争取做凉茶行业的第二品牌。当初在广东,特别是深圳市场,宝庆堂的老二位置,还是稳坐了好长一段时间。

产品:传统与现代的结合

凉茶作为一种大众性的健康保健饮品,由于不能针对每个人的不同情况调整配方,因此配方必须做到在有效的同时,能够保证安全。

宝庆堂在问世之前,深晖公司就对其配方作了严格的筛选,最后在选用两广地区民间清凉配方的基础上,又根据现代中医学的研究成果对配方进行了一定的调整,使其更合理、科学,所以宝庆堂凉茶所选用的配方可以说是传统配方与现代研发技术的完美结合。

在精选配方的同时,深晖公司还在制过程中使用低温提取技术,也就是将草药捣碎后,在纯净水中浸泡、煮、循环提取,这样就能最大限度地保留草药中的有效成分,特别是活性成分。同时,结合现代饮料调配原理,为苦涩凉茶赋予清爽甘凉口感。

经过这些技术的处理,宝庆堂凉茶在保证安全有效的同时,也具有了柔和、清爽的口感。在一些早期的凉茶市场调查报告中,大部分消费者、经销商都对宝庆堂凉茶的口感给予了好评。

凉茶的生产过程看起来似乎简单,但这其中有很多技术因素。纸盒宝庆堂凉茶系列采用的是全球最大的纸盒供应商——瑞典利乐公司提供的全套生产线,罐装宝庆堂凉茶采用的是意大利萨客斯公司提供的整套生产线。

制好的凉茶会在管道中被迅速加热到137℃左右,在4秒钟内进行灭菌,然后又通过无菌道进入包装机中,在无菌环境下进行包装,这就是牛奶行业常提到的超高温瞬时灭菌。这样既能杀灭凉茶中的细菌,又能最大限度地保留凉茶中的有效成分,特别是草木精华,同时,经过这样处理的产品又可以在不使用防腐剂等任何添加剂的情况下长期保存,确保了产品的天然健康。这就使得凉茶的传统草本精华与现代化生产技术能相结合。

凉茶市场的竞争日趋激烈,企业要想从这场竞争中突围,就要走差异化的道路,需要以不同的产品满足不同消费者的需求。加多宝只靠红罐一个产品成功,一百多年前可口可乐只靠玻璃瓶成功,这其实都是较为极端的案例,后人难以复制。宝庆堂把凉茶的传统功效与现代市场细分策略相结合,推出了各具特色的几种产品口味，以及利乐包和罐装两种包装形式。

第一种口味是四季凉茶，这是宝庆堂的主要产品，含有凉粉草、夏枯草、金银花等成分，具有清热祛湿的作用，可平衡身体机能，适合日常饮用。

第二种口味是雪梨菊花茶，其糅合了菊花的清香和雪梨的甘甜，口味极佳。眼睛容易疲劳的学生、写字楼办公人员等，经常饮用可提神醒脑、明目护眼。

第三种口味是润喉茶，含有罗汉果、胖大海等成分，口感清爽，对因天气引起的热气、口干、胸闷有极好的功效。但是到今天，这个产品在各大卖场和深圳以外的区域几乎都已见不到了。

渠道：更完善的市场通路

在激烈的饮料市场竞争中，有了好的产品并不意味着就能得到消费者的认可，只有将好的产品成功地通过渠道推向市场，才算是真正成功的品牌。

细心的消费者一定会发现，这么多年来，在深圳、广州等珠三角城市的各大超市、卖场、便利店等都可以看到宝庆堂凉茶的踪影。这得益于深晖公司多年来从事饮料贸易代理、销售所积累的渠道基础。

渠道，是指产品从厂家到消费者手中所要经历的一系列中间环节，台湾企业也习惯把渠道称为"通路"，这包括了经销商、批发商、超市、便利店等中间环节。康师傅能雄霸中国市场，其"通路精耕"的营销模式，功不可没。

多年的饮料代理贸易与销售，已使深晖企业构建起商超、批发、餐饮、直营客户等四大渠道，所以能够在宝庆堂一上市就将其全面推向市场。

当初在深圳市场，最常见的也只有加多宝经营的红罐王老吉和宝庆堂的堆头面对面地唱对台戏。由此可见，宝庆堂的通路之广、之完善。

深晖倡导的是以服务通路各个环节的客户为宗旨的营销理念,其营销原则就是让通路的客户赚钱,也只有这样,深晖企业自身和旗下产品才会有所发展。当年深晖有 100 多位业务员长期活跃在通路客户当中,及时帮助客户解决难题,帮助客户销售产品,让客户与深晖一起成长。

深晖旗下的凉茶系列品牌除了在超市里以种类多"夹击"王老吉,还进入了餐饮、酒吧、网吧等渠道。其选择与深圳本地的火锅店、湘菜馆、川菜馆等成为"诚意合作店",在这些店中打出"只提供宝庆堂凉茶"的宣传画。

价格:价格战抢占本地市场

当初宝庆堂上市时,市场上红罐王老吉的终端售价在 3.5 元左右,价格体系已经成型。而二线品牌价位在 3.0～3.3 元左右,如果有企业能切入 2～3.4 元的中低端价位,凭借良好品牌宣传投放形成知名度,在区域市场也将有较大的运作空间。所以,深晖当年除了推出宝庆堂之外,不久之后还推出了低价格的深晖凉茶王。

纸盒包装上,绿盒王老吉 6 连包近年来涨价,零售价超过了 13 元,而宝庆堂的纸盒 6 连包基本价格还是跟以前差不多,零售价在 10.4～11.4 元之间。

当年,王老吉售价约 3.3～3.5 元/罐,而其旁边的同样易拉罐包装、同样容量的深晖凉茶王和宝庆堂分别售价约 2.2～2.5 元和 3～3.2 元。根据市场一线调研的情况反馈,在价格相差 1 元左右时,消费者更愿意消费本地区域的凉茶品牌。

推广:全方位出击,确立区域强势品牌

当年,似乎就在一夜之间,200 多块宝庆堂凉茶"好凉茶就怕不比较"的

灯箱广告,占领了深圳商业繁华地带以及主要干道上的公交车站,在深圳东门路和深南路交叉叉口也竖起了一幅500多平方米的巨型宝庆堂广告;同时,在报纸、电视等媒体上,宝庆堂的广告也是随处可见。

深晖计划以全方位的市场推广方式,确立宝庆堂区域强势凉茶品牌的地位。宝庆堂是深晖当年重点推广的品牌。2003年,深晖用于宝庆堂品牌推广的费用就达到600多万元,2004年超过1000万元,2005年又增加了50%以上的推广费用。

客观评价宝庆堂和深晖

中国有句古话,三百六十行,行行出状元。每个行业的前几名,特别是行业冠军,自然被大众所熟知,被学者、策划人、广告人所关注和评论。但是,一个行业,是否只有成为了行业冠军或前几名的企业和品牌,才值得研究和学习?其他那些默默无闻、但颇具特色和差异化价值的区域性企业,难道就应该被世人忘记吗?

直到宝庆堂的出现。

从营销战的角度评价

在深晖推出宝庆堂之际,那时国内外关于营销战的理论,尚未像今天这样有影响力。我们也相信深晖和宝庆堂的营销将领们,并没有形成系统的营销战理论来指导自己的营销工作,但是他们的所作所为却吻合了营销游击战的思想,也确保了自己立于不败之地。以深圳、潮汕为核心的广东市场,实际上是深晖的游击根据地。

宝庆堂当初新品上市时，并没有盲目地全国扩张，高举高打，而是相对稳健地把营销费用集中投放在以深圳为核心的几个珠三角城市，加上之前深晖跟这些区域的经销商、超市系统有不错的客情，自然能获得更低的进场费、更大的货架陈列面积。资源聚焦在根据地市场，就会发挥非常好的效果。

回想当年，广东人刚经历"非典"后不久，就发现超市货架上整齐陈列着宝庆堂的系列凉茶，生动化陈列和铺市率还优于王老吉。当时很多人就纳闷，这是何方神圣，生动化陈列比王老吉还好？

游击战有三条指导原则，深晖和宝庆堂做到了后两条。

深晖是广东的本土企业，从潮汕起家，一直发展到后来又在深圳建厂，牢牢地扎根在广东区域，把广东变成了自身的一个战略根据地，进可攻，退可守。这便符合了游击战的第二条作战原则"建根据地，找一块可以守得住的根据地"。

而对于游击战的第三条原则"枪法准确，每一颗子弹消灭一个敌人"，通过多年来对凉茶市场的持续观察和调研，可以基本判断出宝庆堂的广告费用投放比较聚焦在其根据地等核心市场，而且很多营销费用是花在超市系统的生动化陈列和促销上。宝庆堂和深晖在很多超市的货架上已经连续上架十多年了，这本身就是一个最好的证据。

从品牌塑造的角度评价

中国的某些营销大师、广告策划人常常用某个单一的营销理论去评价预测整个营销项目的成败。比如，用定位论去预测品牌延伸项目、新品上市项目的成败，甚至是企业整体经营的成败。如果是只用品牌定位论预测，那么娃哈哈、康师傅、统一都应该是失败的企业，百事可乐才是成功企业，可惜,现实证明了单一理论的局限性。

从宝庆堂的品牌现状来看,可以说是不温不火。

在深圳等区域,宝庆堂还是有一定品牌知名度的。但是一旦离开深圳、广东,宝庆堂的品牌力就急剧下降。这也是很多区域企业的通病与苦恼。广东的春和堂凉茶、二十四味凉茶、晨光凉茶,福建的泰山仙草蜜,新加坡的杨协成和香港的维他饮料在广东都面临着与宝庆堂一样的情况。

宝庆堂的品牌广告语,从最早的"好凉茶就怕不比较",到现在的"百年良方,即熬即灌装",都没有突出品牌的差异卖点。而且多年来由于品牌广告和品牌形象缺乏一致性,宝庆堂并没有给消费者甚至是竞争对手留下太深刻的品牌形象。

宝庆堂跟一流的品牌相比,例如与王老吉、加多宝、和其正等凉茶一线品牌相比,可以说品牌塑造得并不成功。但跟霸王凉茶、邓老凉茶、潘高寿凉茶、念慈庵凉茶相比,至少宝庆堂的品牌经营得很稳健,能生存下来,还能发展,是全国销量第四名的品牌。从这个意义上说,宝庆堂的品牌也有可取之处。

从项目经营的角度评价

实际上,企业经营、项目经营并能不完全用品牌的标准来评价。如果将宝庆堂这个品牌看成是深晖企业的一次投资项目或是营销项目,那么应该算是比较成功的。

虽然深晖和宝庆堂并不是上市企业,我们不能非常准确地知道这个项目的盈亏状况,但是我们通过各种综合的市场信息反馈、行业费用平均值、货架上的产品生产日期、品牌全年整体销量等,推断出宝庆堂这个项目之前是盈利的。

但是由于"加多宝"品牌的横空出世，以及行业前三强都推出了性价比更高的瓶装凉茶，如果宝庆堂还不提升品牌形象，建立更多的游击根据地，那么盈利能力并不乐观。

第五篇

决战：解密中国凉茶业的未来发展

是故百战百胜，非善之善者也；不战而屈人之兵，善之善者也。

——《孙子兵法·谋攻篇》

第15章

中国好声音，加多宝的"世界末日"之战

当记者向中国首富、娃哈哈董事长宗庆后提问"为什么要去抢功能饮料市场"时，他回答道："红牛貌似很强，但事实上只是区域性品牌，并未统一全国市场，其市场覆盖深度远远不够，而王老吉(加多宝)则强大得多。"

宗庆后大概是全中国最了解饮料行业的人。他对饮料业各个竞争对手的分析与判断，都非常透彻与准确。如果连宗庆后都认为加多宝的渠道与终端控制力非常强大，王老吉的品牌是全国的强势品牌，那么这个结论恐怕不会错。

2012年，关于世界末日的流言不绝于耳，《2012》这部电影的3D版又卷土重来。而对于加多宝来说，如果在这一年不成功，那么公司的世界末日或许就真的来临了。

这个夏天，中国好声音

短短几周，《中国好声音》的广告费从每15秒15万，飙升到每15秒36

万。据说，浙江卫视当时的烦恼是，送上门的钱没法收。浙江卫视关于《中国好声音》的广告时间都已经排得满满当当，而想投放广告的企业实在太多，就算找台长也没办法再安排哪怕一秒钟的广告时间。

《中国好声音》节目首播收视率即高达1.5，第二期飙升至2.8，即使是重播的1.13，也超越2012年所有音乐类节目的首播收视。第五期的收视率更猛增至4.1，这样的数据已经高得离谱，而到了最后几期节目时，不管哪一天哪一个时段，《中国好声音》都是全国收视率冠军。

而加多宝以6000万元拿下了《中国好声音》第一季的独家冠名权，在第二季招标会上，又以2亿元的天价再度蝉联冠名。

市场现状解密

在《中国好声音》爆红全国之前，上一轮由音乐选秀节目引发的全民收视热潮，要追溯到七年前——2005年第二届由蒙牛赞助的《超级女声》。此后数年，国内的选秀节目越来越多，为抢夺收视率，各种五花八门的手段层出不穷。

从超女之后，中国的选秀已经从甲方市场变成乙方市场，从平台市场变成选手市场。据相关媒体报道，如今的选秀节目，报名往往很冷清，有的选秀节目曾遭遇全国海选分赛区第一天报名为零的状况。

外部环境解密

对于娱乐类节目来说，国家的行政命令和相关法律法规，往往掌握着其生杀大权。2011年10月，广电总局下发"限娱令"，硬性规定"全国卫视选秀节目一年加起来总量不超过10档，类型不得重复"，从而使得音乐选秀热度骤降。

社会文化环境是影响人们欲望和行为的最重要因素,社会文化也在不同的层面上以不同的方式影响营销活动。作者个人认为,《中国好声音》的节目观众,是那些相对而言更有文化底蕴、更懂得欣赏音乐、更渴望梦想的知识青年。这一特定的目标群体,通常具有较高的文化水平,并且《中国好声音》独特的节目机制、创新模式,也将引发国内选秀节目的文化革新。

主要竞争对手解密

《中国好声音》节目的竞争对手,主要是《声动亚洲》与《花儿朵朵》。

从参赛选手质量比较来看,《声动亚洲》略胜一筹。由于《声动亚洲》的评选思路是"否定式"筛选,从整体看,在初赛阶段对选手更严格更挑剔。当然,32强选手中也混入了少量因同情分而侥幸晋级的选手。《中国好声音》晋级的选手中有非常好的音乐苗子,但从人数上比较,则稍微少了一些。

从评委来比较,《声动亚洲》和《中国好声音》都邀请到了当今顶尖一流的高水平音乐人,都具有较高的音乐造诣和知名度。《声动亚洲》的专业评委和观众之间的交流似乎少了一些,和观众之间容易产生一定的距离感。而《中国好声音》的专业评委之间的"抢人"大战,幽默调侃和轻松自然的调节场面确实让人印象深刻。作为电视节目,《中国好声音》的观赏性、趣味性、娱乐性更强。

从赛制设计看,与《声动亚洲》所采用的"否定"式筛选相反,《中国好声音》选择的是"肯定"式的筛选风格。《声动亚洲》的专业评委对选手出场那几分钟的表演评判非常苛刻严格,选手发挥如果稍有不稳,评委便立刻按下红灯予以否定。而《中国好声音》的选拔方式比较温情,专业评委对于在"盲听阶段"的歌声比较满意就立刻会按下"肯定"的按钮。从初赛阶段看,《中国好声音》属于赏识肯定类的评判选拔,很有创意。

再来比较《花儿朵朵》,从参赛选手质量比较,《中国好声音》更胜一筹。

花儿朵朵是现场版的选秀,节目制作方的腾挪空间小。而《中国好声音》是剪辑版的精选,让整个节目更彰显出高质量的形象,实在是很聪明的"花招"。

节目自身解密

《中国好声音》节目源于荷兰最受欢迎的电视节目 *The Voice of Holland*,由刘欢、那英、庾澄庆、杨坤担任评委以及导师。几位明星导师之间、导师与学员之间的倾情互动,非常真实感人。那英的率真、庾澄庆的调侃、杨坤的 32 场演唱会叫卖、刘欢的真情流露,让台上充满了温情和真诚的力量。很多人认为,说服这四位导师,《中国好声音》已经成功了一半。超级导师评委是这个音乐类真人秀中极为关键的一环。

台前有顶级明星导师坐镇,与此遥相呼应的是节目幕后堪称梦幻的音乐制作团队。北京奥运会开幕式音响总监金少刚领衔,国内首屈一指的贝斯手、键盘师倾力加盟,他们全程把关《中国好声音》现场音效,从而使这档专业音乐评论节目更加实至名归。

从节目制作体制上看,《中国好声音》创立了一个中国电视制作合作模式的先河,是真正意义的首次制播分离——制作方和电视台共同投入,共担风险,共享利润。据公开媒体报道,灿星制作和浙江电视台之间有一道线的约定,低于这道线,灿星赔偿,高于这道线,双方分红。对于灿星而言,这有些类似于"对赌协议"。

导师是没有出场费的,也不按场次付酬劳,也不打包一次性付酬劳。导师和制作方是一种合作伙伴的关系,共同进行整个产业链的开发合作,导师们参与后期的开发分成。

如此一来,导师们的投入保证了节目的高质量,广告价格自然不断攀升。另外,参赛选手们的前景更有保障,因为导师们的利益和他们紧紧捆绑在一起,导师们必须全力以赴地培养他们,才能名利双收。后期的产业链开发不仅仅能为选手带来经济利益,更能实现选手的音乐梦想。

有了这样的收入分配方式,就很容易理解导师在场上的全身心投入,为争抢优秀学员不惜使出浑身解数,这也成为节目中的一大亮点。

加多宝的世界末日之战

《中国好声音》固然是一个最大的亮点,但加多宝在世界末日之年并不只是打了"好声音"这一个大战役,同时还做了大量的策划和准备,多头并进。

末日之战的前奏

2012 年的加多宝集团内部可谓是多事之秋。从 1 个亿到 100 个亿,加多宝集团仅仅用了十余年时间,这一令人惊羡的增长速度给它带来了巨大的经济效益,不过它就像其他快速成长起来的品牌企业一样,自身内部的弊端也日渐浮出水面并逐渐变得尖锐起来:官僚主义开始膨胀、部分员工人浮于事、中高层之间拉帮结派、一些老员工离职或移民海外……

企业外部的压力也是重重逼近。霸王凉茶从前两年就开始拼命挖加多宝的人员,同时加强了对凉茶市场的进攻;和其正则继续凭借瓶装的价格优势攻城略地;顺牌、邓老凉茶、旺旺的老翁凉茶也在各自区域虎视眈眈;可口可乐、百事可乐也伺机而动。

2011 年 10 月，透过对种种迹象的观察，加多宝高层大概知道了"王老吉"这一商标注定要被收回的结局，他们也许有过抱怨、无奈、彷徨，也许同样看不清加多宝集团在离开"王老吉"这千亿商标后还能走多久。但是，他们无疑很快就振作了起来，全身心投入到下一年的阵地战大反攻的准备中。

磨刀不误砍柴工

电影《2012》在上映之前，制作方进行了为期 20 天的全球巡回发布会，最打动人心的那句宣传语是："灾难即将来临，你准备好了么？"

同样这个问题也直指加多宝集团：世界末日之战，你准备好了么？

2011 年 12 月底，王老吉商标案正式进入仲裁程序。加多宝集团员开始为明年即将上演的"世界末日之战"做起了细致的策划和准备工作。

阵地战的第一条原则是"没准备、没把握、没实力，不打阵地战"。反过来，如果你的企业具备了上述这些条件，那么便可以痛痛快快地打一仗。放眼全国，饮料界也只有加多宝、可口可乐、康师傅、娃哈哈等屈指可数的超级巨头有如此战斗力。

首先，加多宝牢牢控制住原材料及罐装厂的生产，在源头上保证自身产能的稳定，并开始大规模地生产双面罐的包装产品，以期能够在 2012 年第一时间投入市场。

其次，在渠道方面，加多宝通过实行更多的返利政策，维护好现有的经销商资源，以期在新品面市后能够迅速打开市场。

最后也是最重要的一点，加多宝高层清楚地意识到：人才是公司第一核心的要素，团队的稳定是加多宝集团发展的根基。为增强员工的战斗力与向心力，高层果断决定内部人员集体加薪 30％，那便意味着加多宝员工的工资一年总开支从 10 个亿增长到 13 个亿。

此外，加多宝集团也稳步召回前期派去绿盒装即广药集团王老吉药业股份有限公司的那部分员工，并在人员召回后让他们快速地融入到加多宝的员工队伍中，加强内部沟通与交流，进一步完善对原有经销商资源的掌控力度。

2012 年春节过后，加多宝加快了"去王老吉化"的步伐。

2 月，加多宝 2012 新版包装凉茶纷纷在全国各地悄无声息地上架了；

3 月 23 日，公开信息显示，加多宝在湖北省仙桃市投建"王老吉"凉茶饮料大型生产基地，这将是加多宝旗下首家瓶装大型生产基地；

3 月 26 日，总投资 4 亿元人民币的四川加多宝项目也宣布开工；

3 月 29 日，加多宝发布官方声明，红罐王老吉启动全新包装，强化"加多宝"品牌，广告语也从以前的"怕上火，喝王老吉！"变为"正宗凉茶，加多宝出品"，连平面海报也很难再找到"王老吉"商标的踪影，并在全国各市场力推双面罐装的产品。

在行业纷纷开始讨论加多宝集团这一双面罐装的"新款"包装时，加多宝集团的内部也在悄悄地发生着变化，从高管到一线的销售人员，很多员工的 QQ 签名改成了"上下同心，其利断金，再创加多宝奇迹！"，与之伴随的是一个硕大无比的红罐子头像。

遵循阵地战的第二条原则"打阵地战，多兵种及优势兵力协同作战"，加多宝的三大部门——市场部、销售部、监察部密切配合，围绕销量提升展开了紧锣密鼓的活动。与此同时，为了更好地稳定团队做好后勤保障工作，人力资源部所策划的员工活动比去年增加了一倍还多。

大决战正式开始

2012 年 5 月 9 日,中国国际经济贸易仲裁委员会仲裁裁定,鸿道集团停止使用"王老吉"商标。

根据媒体报道,仅在仲裁结果公布后 4 天,加多宝集团便向分布在全国的业务员下达了死命令,要求在 6 月 1 日之前,撤换、销毁所有一二线城市带有"王老吉"字样的海报、店铺招牌和广告牌,彻底"去王老吉化",因为这些物料将成为竞争对手的宣传武器,也是"加多宝"这一新品塑造品牌形象的绊脚石。营销的战场上真是风云莫测。几天前还是属于自己的东西,被人硬生生地夺走,那种滋味,一定很复杂、很难受。

加多宝开始了自己的阵地战大进攻。

四两拨千斤,打乱广药节奏

在仲裁结果出来后,加多宝表示对王老吉商标仲裁的裁决书不服,向北京第一中级法院提出了撤销裁决的申请并获得立案。加多宝表示,依照此前其发出的声明,当一方当事人申请撤销裁决时,人民法院应当中止另一方当事人申请执行裁决。也就是说,在法院已受理鸿道集团撤销裁决申请的情况下,广药不得申请执行此前"收回加多宝手中的'红罐王老吉'商标使用权"的裁决。根据相关规定,人民法院应当在受理撤销裁决申请之日起两个月内作出撤销裁决或者驳回申请的裁定,该裁定为终局裁定,当事人不得上诉。因此,广药与鸿道的王老吉商标案最终结果最晚将在 7 月底出炉。

2012 年 5 月,仲裁的结果才刚刚出来,广药便开始大力推出自己的罐装新品,试图取得开门红。不过,加多宝却巧妙地利用向法院上诉的时间差,打乱了广药的节奏,延缓了广药新品的铺货时间。这一巧妙做法让广药损失了约 200 万箱的销量,并大大延迟了铺货时间,从而使得加多宝在即将到来的饮料旺季占尽了优势。

制造话题,转移品牌资产

仲裁结果刚出来后,加多宝集团大打悲情牌,赢得了很多人的支持,而正是这些人的支持给了加多宝一个进行品牌重塑的机会。

加多宝集团深知在 2012 年之前,凉茶市场是靠"王老吉"打造出来的,消费者喝的是王老吉而不是凉茶,而目前最紧要的任务便是告诉消费者,加多宝是生产凉茶的,而不是生产王老吉的。6 月份刚刚开始,加多宝的更名广告便迅速在户外 LED、候车亭、网络、报刊、电视等媒体全面上线,这些常规的广告投放是前一年就做好了规划的,加多宝会根据销量在全年选择部分时间买下这些广告位,时值饮料消费旺季来临,与计划出入不大;所以得以迅速将这一更名信息铺满大街小巷,为餐饮、终端、业务、促销、消费者等各个环节创造出一个可讨论的话题,来完成品牌概念与资产的转换。

"全国销量领先的红罐凉茶改名加多宝"这句广告词,将红罐加多宝与原来的红罐王老吉之间画上等号。对于消费者而言,加多宝是一个陌生的新名字,是一个才突然冒出来的品牌。此次加多宝集团延续一贯的广告轰炸方式,在所有广告中强调"加多宝"三个字,并且通过"全国销量领先"来做品牌背书,让消费者相信它是一个有实力的品牌,并不是突然杀入的二三线品牌。也让老顾客们相信,这个凉茶只是改了一个名字,其他一切不变,还一样是送礼佳品、餐饮伴侣、下火良药。

最重要的是,"全国销量领先的红罐凉茶改名为加多宝"这句广告词还在告诉消费者一个信息，原来的红罐王老吉已经改名加多宝了，以后你们再见到红罐王老吉，那就是另外一种产品了，新红罐不等于老红罐。针对广药集团通过代工生产的外形极其近似的红罐王老吉，这则改名广告就像一块盾牌，将加多宝的基本盘牢牢保护了起来。

终端阵地，寸土必争

2012年8月20日和8月31日，仅相隔10天，王老吉与加多宝的终端推广人员已先后在南昌和苏州发生了两起暴力冲突事件。是谁挑起了事端？

双方给出的答案截然相反。但广药员工脸上触目惊心的刀伤为其博得了同情分，事发后第一时间，广药高层高调前往现场慰问。因国企身份、商标战胜诉等原因被贴上强势标签的广药集团，迅速变身为弱势群体和受害人，而加多宝则被扣上了"无良企业"的帽子。

在饮料界，终端的争夺本来就很白热化。可口可乐与百事可乐、康师傅与统一、康师傅与健力宝，都曾发生过销售人员因为抢夺终端而火拼的事情。当年第五季上市时，健力宝和康师傅在广州甚至发生上百人的群殴，幸好警察及时出动，才平息了事态。

而凉茶业的终端，更是兵家必争之地，寸土必争的态度是对的，却必须要注意方法。《孙子兵法·谋攻篇》曰："凡用兵之法，全国为上，破国次之……不战而屈人之兵，善之善者也。"笔者亲眼见过几个跑终端跑得勤的饮料销售人员，他们跟小店老板的客情维护得非常好，其他饮料企业的销售人员见了都会"退避三舍"，一是知道店老板帮着谁，二是佩服这样敬业的同行。

未雨绸缪,提前占仓

2012 年中秋、国庆双节刚刚结束,加多宝又在 11 月份马不停蹄地开始了春节前市场的运作,加多宝销售部及时给经销商补货,大量占仓。这样,经销商就没有现金去进其他饮料的货了,更不用说其他凉茶品牌了。

加多宝还利用 10 个利润点的高额诱惑,提高经销商的主动性,始终让整个渠道网络保持紧张的状态,以实现市场的快速动销。

反思加多宝的营销战

世界末日年,《中国好声音》火了,然而在业内外一片赞誉之声下,难道加多宝的营销中就没有值得反思的地方吗?

第一,如果 2012 年加多宝没有赞助《中国好声音》,没有这么大的轰动效果和公关口碑,那么加多宝全年是算成功还是不成功呢?

也许加多宝还是可以销售 100 多亿,但是能否超过 2011 年的销量,这就是个未知数了。没有《中国好声音》这个节目,以加多宝全年的媒体投放量来看,品牌知名度或许也能达到很高,但是美誉度就会弱很多,消费者的接受度也不会有这么高,王老吉的品牌力也不会下滑这么多。所以,"公关第一、广告第二",美国营销大师里斯的这个观点是很让人信服的。

然而,虽然加多宝有惊无险地打赢了这场世界末日之战,但其品牌根基并不稳定,毕竟是刚创立一年的新品牌。

第二,换位思考,广药王老吉会怎样对加多宝展开大反攻,加多宝又该如何提前防御?

《孙子兵法》曰："知彼知己者,百战不殆;不知彼而知己,一胜一负;不知彼,不知己,每战必殆。"加多宝和王老吉彼此都知根知底,双方的产品简直就是孪生兄弟,多卖一罐对手产品,就少卖一罐自己的。

值得加多宝庆幸的是,广药的决策层几乎都是做药出身,做饮料的少之又少,对饮料特别是凉茶大战的残酷性,还没有作好思想准备,思维还停留在品牌竞争和整合营销传播层面。实际上,面对加多宝这样的对手,必须要更多地从整合营销的角度出发,系统思考竞争问题。

打阵地战,国内饮料界能跟加多宝抗衡的企业,不超过三家。而在凉茶业,能跟加多宝打阵地战的企业,或许一家都没有。

但如果广药王老吉从侧翼出奇兵进攻加多宝,这个仗就容易打了。侧翼进攻,可以是产品形态上的,也可以是价格上的,还可以是终端上的。加多宝这边则需要提前有防御之策,料敌先机。

客观地评价,加多宝在与《中国好声音》这个节目的结合上已经做得很优秀了,但是仍不如当年蒙牛赞助《超级女声》来得卓越。优秀是卓越的大敌,加多宝还可以做得更好。

事实上,加多宝仍然面临着巨大的危机。

首先,如果王老吉能吹响大反攻的号角,聚焦全年传播主线,则势必削弱加多宝的关注度。

其次,一二线城市的终端阵地侧翼突破。加多宝虽然能掌控全国数以万计的经销商,但是掌控不了数以百万计的终端。广药在药店系统是有很大优势的,如果把药店系统作为阵地的侧翼进攻点,是很容易进行突破的。而且广药完全可以在药店加强生动化陈列,加多宝将很难反击。

除了药店之外,广药如果能和一个啤酒企业结成战略联盟,那么餐饮渠道也会不攻自破。加多宝虽然餐饮渠道很强,但仍无法和啤酒企业相提并论。啤酒企业的促销人员,可以向男士推销啤酒,向女士推销凉茶,互不冲突。

第三,王老吉完全可以避开一二线城市正面的阵地战,深入敌军的大后方,直接去三四线城市,甚至在广大农村招商。根据阵地战的第三条原则"先打小城市或广大乡村,后打大城市",乡村的老百姓,知道王老吉品牌的人数无疑还是多过知道加多宝的。只要招商到位,物流及时,铺货迅速,王老吉就能产生销量。

2012年已经过去,传说中的世界末日并没有到来。对于加多宝而言,正因为幸运地登上了《中国好声音》这艘"诺亚方舟",而显得前途一片光明。

然而,过去的已经过去,未来的凉茶市场又会有着怎样的战局发展,未来的加多宝将会有什么样的"逆袭",未来的广药王老吉又将如何展开阵地大反攻呢?

第16章

谁将是凉茶大战的最后霸主

这十几年来,不断有凉茶新品牌挑战红罐凉茶王老吉,最后都败下阵来。远的有春和堂、二十四味、白云山、陈李济、潘高寿、念慈庵、顺牌等;近的有霸王集团,霸王凉茶项目以亏损2亿多元而告终,并且元气大伤,一蹶不振。

最近几年来,敢于挑战王老吉的凉茶新品牌越来越少了。但在商标争夺战之后,有着强大渠道掌控力的加多宝和号称全国第一品牌的王老吉,终于成为了互相竞争的双方,上演了现实版的"自相矛盾"。最强的矛(王老吉的品牌)对战最强的盾(加多宝的渠道),究竟将鹿死谁手?

双雄大战,殃及池鱼

若干年后,大家回顾2012年,会发现在"世界末日"那年,饮料界最热闹的一件事,莫过于加多宝集团和广药集团关于"王老吉"的商标争夺战,以及由此双方展开的一系列公关战、渠道战、传播战。很多业内人士一开始都认为广药、王老吉的商标大战，给两个品牌带来了很高的关注和认知。但是，事实总会有些出人意料。

《销售与市场》杂志在去年曾联合零点市场调研公司，在全国的一二线城市做了一个王老吉更名后的效果调查，调查结果显示，效果上加多宝是第一名，和其正第二，而王老吉在短短不到一年内的时间，居然跌到第三。

超过60%的消费者知道加多宝凉茶更名一事，特别是喝过凉茶的消费者的知晓度更是超过了70%，高达90%的经销商知道加多宝改名字了。

从消费者对凉茶品牌的知晓率来看，加多宝和和其正都接近100%，而广药王老吉反而只有70%左右。从消费者的品牌选择分析，近50%的人首选加多宝，41.2%的人甚至会向亲人朋友推荐加多宝凉茶。

更名后经销商受到的影响更小，九成以上（91%）的经销商未对加多宝凉茶的进货量作调整，3.9%略有减少，仅有0.9%减少很多，另有2.6%的经销商增加了进货量。

从终端门店来看，近九成（88%）的门店销量均未受影响，5.7%的门店略有减少，仅有0.4%减少很多，另有3.4%的门店销量有所上升。

另外，相关政府部门的调研数字也支持了上述的调查结论。国家统计局中国行业企业信息发布中心发布的2012年前三季度饮料行业调研数据指出，"加多宝位居罐装饮料销量第一"。该数据显示在凉茶市场中，加多宝占比73.0%、王老吉仅为8.9%。加多宝也在广告中拼命宣传：中国每卖出10罐凉茶，7罐加多宝。

贯穿整个2012年的凉茶双雄大战，加多宝几乎毫发无伤，据传其销量甚至增长比往年更猛。不过，广药王老吉也没有任何损失，稳妥地收入十几个亿甚至几十个亿的销量，而且未来的增长势头更是被外界看好。然而两军对战，总会伤及一些无辜。凉茶双雄赚足了媒体、消费者的眼球，但是却苦了潘高寿、邓老凉茶等其他二线品牌，整个 2012 年的传播效果完全被加多宝和王老吉所淹没了。

二线凉茶品牌终端的铺货率一直在下降。从对众多一二线城市饮料的各类终端铺货率来观察，二线凉茶品牌在全国的销量应该是下滑的。特别是 KA 等大卖场，广药王老吉需要新品进场，上货架，自然就要把凉茶品类销量较差的二线品牌或者小品牌给踢下架。何况，加多宝和广药都有了自己的瓶装凉茶，以前春和堂、顺牌、二十四味凉茶等还可以靠瓶装的性价比守住部分区域市场，以后或许将越发艰难了。所以，留给其他凉茶二三线品牌的生存空间似乎已经不多。

加多宝处处领先，广药亦步亦趋

加多宝虽然失去了"王老吉"这个商标，但是却得到了广大消费者的心，得到了渠道的支持，也得到了实实在在的销量。无论是一开始的商标争夺战，还是随后的终端争夺战，以及中间过程中的品牌传播大战，加多宝处处料敌先机，先发制人。反观广药集团，在 2012 年 10 月红罐王老吉进入西藏市场，标志着广药才完成全国各省的铺货，时间上已经大大落后了。

究其原因，主要还是因为广药本身是做药的企业，手上的销售团队、市场部都还没有完全了解饮料市场，对饮料招商的很多困难估计不足，认为凭着"王老吉"的金字招牌，就能在饮料界呼风唤雨。虽然绿盒王老吉饮料一年也能做近 20 个亿，但是更多是跟在红罐后面，广药自己的销售队伍并没有打过太多的硬仗，更加没有遇到过真正的强敌。很不幸，加多宝的团队，无论管理层、市场部、销售部，都是饮料界屈指可数的顶尖团队之一，是正宗的武林高手。广药遇到这样对手，必须加强自身的团队建设，积累更多经验。

首先,从渠道模式来分析。饮料界做得好的企业,基本在城市都采用了通路精耕的方法。通路精耕,有利于饮料企业直接掌控终端,从而反向控制整个渠道,让渠道的各个层级经销商逐渐变成物流配送商。这种方法的不利之处在于需要大量的人力,特别是一线的销售人员和市场部的推广团队。广州、上海这样的一线城市,乃兵家必争之地,两乐、康统、加多宝这样的饮料企业光是销售人员都已经超过数百人了,而广药为了操作王老吉而成立的销售团队,原本计划在短期内招3000人,可是实际只招到了500人左右,自然大大影响了铺货时间以及招商时间。就算广药集团能在短期内凑够3000人,这个人数要想在很短时间内完成全国招商几乎是不可能的任务,更别说销售人员的质量了。

当然,在每个省或者每个省级城市开几个经销商,这个不难,但是全国招商的定义是什么? 对于王老吉这样的品牌,如果经销商开发不能下沉到三四线的县乡镇市场,就是失败和销量的损失。

根据加多宝对外的公开资料,我们可以发现其拥有一支扁平化的销售队伍,全国5大销售分公司下辖约50个销售大区,大区下又有办事处500多个,总共是上万人的销售队伍(其中有8000多个业务员)。销售员工的流失率只有3%,远低于行业7%的平均流失率,团队的忠诚度较高。

广药跟加多宝开战,必须也得采用通路精耕的操作模式,那么就算到了2012年年底,广药凑够了3000人,与加多宝五位数的销售团队,也还是有很大差距,不在一个数量级和质量级。

从做药的渠道模式转向饮料的通路精耕,从千把人的销售团队在短期内急剧膨胀到上万人,这些问题说起来容易解决,实际上是非常困难和复杂的。我们可以大胆地推测,广药的管理层已经为这些没有经历过的困难头痛不已了。

其次,产能对广药来说,也是很大一个制约。加多宝先后在东莞、绍兴、石狮、北京、青海、杭州、武汉、江苏成立了生产基地,拥有数十条罐装饮料的现代化生产线,罐线的生产能力在全国无人匹敌。而广药之前却没有罐装生产线,主要靠银鹭、广粮、健力宝等其他厂家代工。据说在一开始,广药经销商的正常罐装要货,王老吉都供应不上,经销商经常是打了2万箱的款,但是广药第一次只能发货1万箱。

因而,广药想在短期内使销量赶上加多宝,基本上是不可能的,先不说渠道的招商进展和终端的铺市率,仅仅在产能制约上,也不可能变出几个能马上投产的新厂。收购也许是很好的一条路,可是谈判、资产审核、收购调查这些都需要时间。

当然,凉茶双雄大战,便如万里长征只迈出了第一步,后面的好戏还很多,广药还有很多机会能够夺回消费者。

广药王老吉如何夺回消费者?

2012年,加多宝冠名赞助《中国好声音》等节目,其操作应该说是非常成功的,品牌知名度、品牌美誉度均得到了极大的提升,使得加多宝在一二线城市的消费者心目中的品牌知晓率甚至超过了广药王老吉。其后,加多宝又以2亿元的开价成功击退其他竞争对手,如愿拿到了2013年《中国好声音》的总冠名权。

从客观的角度分析,加多宝2012年的整体传播是非常优秀的,唯一的美中不足就是,《中国好声音》线上线下的整合营销力度,还有很多可以提升的空间,在这点上,当年蒙牛赞助《超级女声》是一个很适合加多宝学习参考的案例。

广药王老吉在加多宝的逼迫下,也只能不惜血本地赞助电视娱乐综艺节目,其计划投放超过 5 个亿的广告费,宣布将联合中央电视台、湖南电视台、四川电视台、南方电视台、浙江电视台、广东电视台等全国 10 家电视台,形成覆盖全中国的空中品牌传播。广药集团还宣称,2013 年王老吉整体市场投入将达 20 亿元,销售额预计将达到 100 亿元。

但是,钱多就能夺回消费者,就能抢占消费者心目中的"正宗好凉茶"定位吗?

事实总是胜于雄辩,实战才是检验真理的唯一标准。

在加多宝和广药王老吉的这一营销案例上,定位理论派、品类理论派专家们陷入了自相矛盾的境地:王老吉的确是定位的经典案例和品类的绝对领导品牌,可是加多宝的更名成功,也证明了至少在现阶段中国饮料界"终端为王"的合理性;以及按照目前的竞争趋势发展下去,到 2013 年年底,加多宝很可能会凭借强大的品牌传播攻势、巧妙的品牌资产转移、终端的优势等,成为凉茶品类新的第一领导品牌。

谁说消费者的心智不容易改变?

当整合营销传播的力度足够大时,改变就会足够快。

实际上,整合营销传播是一把双刃剑,既可以克敌制胜,也有可能被敌人掌握了这个武器,反过来大规模抢走消费者。

在国外,营销专家对竞争对手之间的传播结果比较,有一个很有意思的研究结论。那就是两个实力接近的竞争对手的传播比较,就像是天平的两端。谁的传播力度大一点,天平(比喻消费者的购买行为)就向谁倾斜多一些。同样的传播力度,比较的是传播的创意、传播能否激发消费者的购买欲等。

所以,一方面,广药王老吉必须保证在传播力度上不能输给加多宝。同时,全年的各种传播媒体、传播方式又必须统一整合在某一个能吸引消费者购买的理由上,如:"王老吉,从未更名!"、"王老吉,两百年的正宗凉茶"、"王老吉,销量十年领先"(此处只是抛砖引玉)。

另一方面,中国目前的饮料界还是"终端为王"。广药王老吉还是要想办法攻占更多的终端网点。如果用心观察,你会在终端发现很多真实有趣的现象:

在超市里,客人说要买罐王老吉,促销人员会说,没有王老吉,现在改名加多宝了;

在餐厅里,顾客说要王老吉,服务员会直接拿来罐加多宝,消费者也接受,照样喝;

在便利商店,一个年轻人对着冰柜里的各类饮料看了下,对店老板说了买王老吉,便自己打开冰柜拿了罐"加多宝",买单走人……

这或许意味着,在很大一部分消费者的心目中,加多宝与王老吉之间的界限或许仍然是模糊的。

广药还有很多机会,毕竟消费者对王老吉有着十多年的认知度和感情。如果广药现在扩大终端铺市率,特别是把终端的生动化陈列做得不亚于竞争对手,那么,消费者很多还是会因为惯性脱口而出"买王老吉",这时,如果终端有货,销量就自然抢回来了。

谁将笑傲凉茶的江湖?

既然品牌力和终端掌控力都很重要,那不妨就让我们把广药、加多宝、和其正这三大凉茶企业的整体作战能力进行对比。

在作者看来,广药目前在凉茶行业的战斗力还不如达利集团,跟加多宝的确不是同一竞争等级上的。

很多学院派的专家总是过于强调品牌定位在企业整体经营管理中的重

要性,把其放到第一位,那么广药、加多宝、和其正的凉茶"三国"大战,就可以证明,企业的整体经营管理,每个环节都缺一不可。

为了让读者更好地了解凉茶三巨头的优劣势,不妨选取终端掌控力和品牌力两个方面展开重点讨论。

终端掌控力

深入分析之后,不难发现,终端是比拼企业对整体渠道链的控制能力的体现,其实就是渠道力的一个缩影。

加多宝为什么能在短短10年内,就把王老吉这一品牌做到全国饮料单品销量第一的位置?

"怕上火"的品牌定位当然功不可没,可是加多宝持续向康师傅、两乐学习,对终端进行通路精耕,这个也居功至伟。通路精耕是指对渠道链各环节的客户(经销商、二批、零售终端)的管理过程。

通过对销售区域进行划分,并设置相应的渠道管理模式,对渠道中主要销售终端做到定人、定域、定线、定点、定期、定时的拜访和专业化服务管理,达到对渠道客户的全面掌控,提高产品在终端的全面覆盖,进而让公司成为渠道的主宰,最终做到"我的终端我做主"。康师傅在全国共拥有700多个营业所、超过6000家经销商、超过70000家直营零售商,直接掌控着超过100万个终端零售店。加多宝通过10多年的不断学习,到现在也具备了以上的终端掌控力。饮料企业中,渠道力最强的就是可口可乐、加多宝、康师傅、娃哈哈,加多宝的终端掌控力经得起业内外人士的检验。

当年和其正刚上市时,达利集团最早是希望借用饼干、薯片等食品渠道,让经销商来操作市场,终端也由经销商来掌控,销售人员是先让饼干的业务兼做,后来发现大部分区域这样做会死掉,才重新划分渠道,另外新请了饮料业的销售人员来精耕市场。这样逐步转型，形成了部分区域是食品的渠道模式操作，部分区域是采用饮料业的通路精耕。以我们多年来对终端的观察，和其正目前仍然没有转型完毕，也还达不到加多宝的终端铺市率，但肯定比广药强多了。

广药目前3000人的销售队伍有无招聘完成，还是一个问号。就算这个数量到2013年春节前凑合完成了，按比例来估算的话，加多宝、康师傅、可口可乐这样的企业都差不多要用1万人左右的销售队伍才能控制上百万个终端，广药在明年春节前后，理论上的极限值也只能控制全国30万个零售终端店、2万家左右的商超直营零售商、2000个有实力的经销商。实际上，加多宝和王老吉的两大凉茶品牌，完全是同质化的竞争，到最后还是要比拼终端零售网点的铺市率和生动化陈列。在竞争均衡的条件下，我们假设加多宝和王老吉在同一个终端的销量不分上下，在所有区域的铺市率难分伯仲，那么按照2012年加多宝对外号称的160亿的销量，每个季度平均40亿左右，广药在2013年第一季度的理论极限最大值也不超过20个亿。根据人数的比例再进行销量修正——广药的销售人数大概为加多宝的30%，广药实际上第一季度最多只有12个亿的销量。再考虑到新开经销商网络的不足、新业务团队的管理困难等，再打个8折，2013年第一季度广药王老吉的罐装销量难以超过10亿，全年的销量也就在40亿左右。加上绿色纸盒的销量，广药王老吉凉茶2013年大概能销售50～60亿。

渠道力除了终端掌控力外，还包括对渠道费用的监管，对渠道销售人员的管理，这两块也恰恰是广药的软肋。按照目前渠道一线的反馈，明年广药可能会在这两者上遭遇滑铁卢。

品牌力

由于王老吉这几年来的空前成功，甚至销量超过全球饮料霸主的两乐，很多企业主、营销理论派、策划公司都开始推崇品牌定位理论,并以某个品牌能否在消费者心智中占据某个位置来评价品牌力。

甚至,某些专家把定位理论教条主义化,用理论来否定已经存在的事实,认为康师傅、娃哈哈等延伸品牌会空心化,品牌力很虚弱。

品牌定位,其实是企业整体经营成功的结果,而不是教科书、理论派标榜的成功的前提条件和原因。如果过于追求完美主义、教条主义的品牌定位,只会分散企业管理层的精力,病急乱投医。百事可乐就是教科书式的品牌定位打造者。但是,百事可乐在中国的经营管理上出了大问题,结果被品牌延伸的代表企业康师傅给收购了。宝洁也是品牌定位的祖师级企业,但是过于追求太多的不同定位的独立品牌,导致了企业资源不够分配,太多的独立品牌超过了企业管理的极限,最后宝洁只能砍掉很多小品牌,力保全球营业额过 10 亿美元的大品牌。而且近年来,“宝洁”这一集团品牌,因为旗下没有同名的产品品牌,所以“宝洁”本身的品牌力在不断下滑;而“欧莱雅”的集团旗下有同名的产品品牌,在年轻消费者中的品牌形象逐渐超过了“宝洁”。

作者当年是康师傅最早的企划部管理培训生,十多年来一直持续研究包括康师傅、统一、两乐在内的食品饮料企业的品牌定位和品牌延伸的一线实战案例。当年康师傅最早进行品类多元化时,一开始用的是独立品牌推广,但是第一仗就输得很惨,后来魏家四兄弟痛定思痛,并请教了身旁的智囊团(康师傅来大陆创业时有幸请到台湾经营之神王永庆的顾问做策划参谋),才又选择了品牌延伸的方式。

在接下来的两三年,加多宝无疑将会凭借着其更加强大的整体营销作战能力,特别是整合营销传播的能力、终端掌控的优势,让“加多宝”这一品牌逐渐取代“王老吉”在消费者心智中的地位。广药目前的大规模投入开打阵地战的方式,到最后很可能该项目达不到预期的销量,甚至亏损。

从长远来看，我们还是认为，加多宝与王老吉的凉茶大战，是一场不折不扣的持久战。

一场持久战

我们这一年来跟营销界很多人士聊天，发现大家对加多宝与王老吉之战的结果有不同观点。广告界的人士认为王老吉有品牌优势，容易获胜；企业界的同仁认为加多宝有渠道和传播优势，能笑到最后。

2012年，广药拿回王老吉品牌后，就开始战略进攻。其表现在扩张销售团队，特别是挖加多宝的销售人员，以及渠道招商、终端铺市、广告大规模投放，通过一系列的组合拳进攻来抢夺加多宝的销量。而加多宝方面，一是通过法律诉讼延缓广药收回品牌和招商的时间；二是提前压货，抢占终端货架和渠道资金；三是给整个营销团队加薪，留住员工。这几招都是防御性的措施，很好地稳住了加多宝的阵脚。

战斗的第一阶段，我们可以称之为"广药的战略进攻，加多宝的战略防御期"。

凉茶持久战的第一阶段尚未结束，特别是广药对外宣传今年要投入20个亿，抢夺100亿的销售额。广药如此大规模的阵地战进攻，困难是非常之大的。而且，由于加多宝去年成功借助《中国好声音》，在品牌传播上已经提前开始了反攻，效果非常好，品牌力在一二线城市还反超王老吉。

凉茶战的第二个阶段，是战略相持阶段。这个阶段我认为是广药王老吉和加多宝互有攻守的一个阶段。

根据去年广药的年报推算，王老吉罐装销售额在20亿上下，纸盒也差不多在20个亿左右。王老吉大健康产业只盈利3000万元，这个数据并不是很乐观。广药2012年的收入为82.3亿,2013年计划不低于108亿,按照10％的增长,应该是90个亿左右,也就是18亿多的增量要靠王老吉凉茶和"王老吉"品牌延生下的其他大健康类别的产品来完成。这部分包括广药授权给广粮集团代理的绿罐王老吉、大健康公司自己打造的王老吉龟苓膏,但这些产品市场表现都很一般,暂且估算有3个亿的销量。

也就是说,广药实际希望王老吉罐装凉茶至少能带来15个亿的销量增长,年底达到35～40亿左右。我们跟广药王老吉的人沟通过,发现他们还是停留在品牌竞争的阶段,希望多用空中广告、品牌传播来拉动销量,而且缺乏与加多宝在终端竞争的思路,也缺乏全年的传播主线,更缺乏线上与线下的整合计划。因为广药太有实力了,有资源、有费用,但也太没经验了,所以赞助了太多的品牌项目,四面出击,反而导致兵力分散。

请问,哪一个项目是广药今年的传播主线?广药内部或许暂时也还没想清楚,至少大家从今年上半年广药王老吉的传播活动中并没有看出来。

在第二阶段,大部分区域,可能是广药在渠道和终端上进攻;同时在线上广告和品牌传播上,加多宝不断反攻,抢夺凉茶第一品牌地位。

这个阶段的时间,大概估计在2～3年左右。因为进攻会消耗双方太多的资源(人、财、物),如果战略均势不能打破,对广药和加多宝双方来说都很痛苦,基本都是不停地烧钱抢客户,不断地打价格战、广告战、渠道战。

根据一线反馈,广药和加多宝在很多区域已经开始打价格战了。广药的罐装凉茶可能是买6箱送1箱,加多宝为了抢客户就会来个"5送1"的促销方案,这样就多花了20％的销售费用。长期如此,是很消耗企业利润的,肯定会大幅抬高销售费用。

所以,这种痛苦的战略均势的状况,也许不用两年就会被打破,因为总有一方不能忍受这种无休止的消耗与自相残杀,主动变攻为守,进行战略防御。特别是,假如相持的其中一方在费用管理和营销作战上有很大的漏洞,就难以支撑长期进攻的资源消耗。

在企业经营方面，无非就是两大方面，对外是营销战略战术要有优势，对内则是各个职能管理要规范化系统化。

对外的营销又可以分为市场与销售两大块，市场包括了品牌、推广、市场作战计划等；销售涵盖了销售队伍的执行力、销售渠道、经销商、销售计划等。对内的职能管理可分为财务管理、运营管理（生产、研发、供应链）、人力资源管理等几大方面。

广药是制药企业，内部的基础管理肯定不弱。加上又是上市企业，财务管理也相对很规范。一开始，广药缺少凉茶的运营管理经验，后面很快可以补上来。但是人力资源管理，这个绝不是短时间内可以补上的，需要长期的积累。招到3000个人，与招到一支3000人的作战部队，是有天壤之别的。

外部的营销环节、销售管理和市场管理，都是广药的软肋。数千人的销售队伍、数十人甚至上百人的市场部，都会是一个让管理者头疼的问题。

而对于加多宝方面，虽然对外的营销和对内的职能管理都很平衡有序，但最让人头疼的还是"加多宝"的品牌力能否持续影响消费者购买行为，以及是否要与广药全面开展产品线大战，也出250毫升的纸盒和1.5升的家庭瓶装凉茶。

《孙子兵法·军形篇》里有句容易被人忽视的经典作战思想："昔之善战者，先为不可胜，以待敌之可胜。不可胜在己，可胜在敌。故善战者，能为不可胜，不能使敌之必可胜。故曰：胜可知，而不可为。"

如果广药和王老吉任何一方只是一心想着进攻，而不考虑防守，很快就会走上末路。谁能够在进攻的同时又及时做好原有渠道、原有产品的防守，谁就把握了主动权，就会先立于不败之地。

目前的局面，加多宝和王老吉谁都不可能在短期内完全战胜对方，只能先维持一个战略相持的局面。如果双方非要同时进攻，只会是两败俱伤。

先做好防守,等到敌人自身出现漏洞,有可乘之机了,再伺机进攻,方能以较低的代价取胜。

那么什么是敌人的漏洞?

有可能是对销售费用管理不严,经销商的费用没有及时补齐,销售人员有贪腐行为;也有可能是销售部急于求成,贪功冒进,招商和上货架是很快,但是市场部的空中传播计划和地面的推广执行跟不上,导致很多地方产品不能动销;更有可能是供应链和产销协调不力,有些地方缺货,有些地方压货过多。

根据运动战的第一条原则"快速机动,各个击破",敌人的弱点出现在哪里,企业就要快速发现,制定有针对性的方案,将敌军各个击破。

类似的战略相持,以前在康师傅与统一的方便面大战时曾出现过,可口可乐与百事可乐的可乐大战时也出现过。在中国百事可乐的品牌一直与可口可乐不相上下,但是销售队伍的管理就比可口可乐公司差很远,费用失控,连年亏损。不得已之下,百事全球总部才请来康师傅集团收购中国的百事可乐业务,堵住漏洞。

现在读者应该明白,为什么我们不建议打阵地战,不建议全面出击。阵地战很容易打成互有攻守的持久消耗战,十分浪费企业资源。

虽然可口可乐在中国打赢了跟百事的可乐大战,打赢了跟统一和康师傅的果汁大战,但是在原叶茶项目上,与百事犯了同样的错误:跟康师傅、统一、娃哈哈的茶饮料打成了阵地战、消耗战、持久战,最后也是铩羽而归,无功而返,先胜而后败。

如果全球饮料第一和第二名的企业都难以支撑,那么国内的企业,恐怕没有几个敢说自己能打阵地战和持久战。杀敌一千,自损八百。何况加多宝和广药之战,简直残酷到杀敌一千,自伤九百九的程度。在2013年的上半年,我们可以看到红罐的加多宝和王老吉,在终端货架上的出厂日期比之前已经旧了很多，很多地方还是 2012 年的货。两家企业再这样打下去，很可能两败俱伤，会被其他凉茶势力乘虚而入。而大家可能最不愿意看到的，就是可口可乐这类外资企业，通过收购一个二线凉茶品牌，慢慢蚕食本土凉茶一线品牌的市场份额。

所以，凉茶大战的第三阶段，我们暂时不方便预测结果。到时谁是战略进攻的一方，谁是战略防守和退却的一方，结论大家可以尽情猜想。

康师傅为什么在国内能打赢统一？

因为康师傅最开始只在中国经营方便面一个品类，非常专注和聚焦。而统一是亚洲范围内的多元化食品饮料巨型集团，志在进入世界 500 强，跨品类的产品太多，很容易养成"打井"的习惯——每个品类、每个产品同时投入资源，就好比同时挖几口井，但是常常是每口井都挖到离水面还差几十厘米，甚至可能几厘米时就放弃了。

百事可乐本来也是有机会战胜可口可乐，成为全球第一名的饮料集团和品牌的。当年，可口可乐也曾经盲目多元化，收购电影公司、进军水产业，大部分项目都以亏损告终。百事却没有吸取可口可乐的失误，反而自己也开始了多元化，收购肯德基、必胜客，品牌延伸去做体育运动鞋服等，分散了公司的资源和管理层的精力，错失了超越可口可乐的最好机会。

加多宝推出昆仑山雪山水这个项目，有点像百团大战的意思。从战术上看是正确的，但是战略上很值得商榷。如果当年加多宝的管理层不把精力分散在昆仑山项目上，而是用在与广药谈判续约，或者用于收购一个二线的凉茶品牌，也许今天的处境更容易，进可攻、退可守，进退自如，不会像现在这样——华山一条路，绝境求生。

广药手中有王老吉这张王牌、有上市公司的融资优势、有政府的支持……满手都是好牌，可惜打牌的人，牌技不太服众。广药很想用好"王老吉"这个中国第一品牌，立志打造出一个 500 亿的大健康产业，也把王老吉品牌延伸到了很多品类上,比如延伸在龟苓膏、莲子绿豆爽、润喉糖,甚至想延伸到月饼、咖啡上,而且广药目前已经把王老吉延伸到很多中药产品上,横跨众多品类,有儿童药、感冒药、五官药、清热药、呼吸药、肠胃药等等。

这些,都还不是最致命的问题。

最致命的问题是,广药缺乏对品牌定位和延伸的辩证理解,未来还会不顾后果地胡乱延伸。

广药有否科学、认真地思考过,"王老吉"这个品牌背后的核心价值究竟是什么?将来应怎样围绕王老吉的核心价值来延伸和开发产品?

凉茶大战第三阶段的胜败,并不取决于王老吉和加多宝的品牌谁比谁强,也不取决于渠道谁比谁掌控得好,更不取决于相关各方背后利益集团的博弈。

现在的中国,已经进入了市场化的时代,凉茶这样的行业,更是一个完全竞争的战场。专业化的企业尚且发展得步步惊心,多元化发展的企业,将来会愈发如同走钢丝。

凉茶大战第三阶段的胜败,取决于双方谁能更好地驾驭多元化发展,谁能更早地实现从优秀到卓越的转换,谁能更有战略的前瞻性。

很多优秀的企业,只差一步,但是就没能迈进"卓越"这个门槛,倒在门口或者一直在门口徘徊不前。

我们可以列出长长的一串名单。国外的有百事可乐、诺基亚、摩托罗拉、索尼、爱立信、松下、夏普、达能;国内的有健力宝、娃哈哈、中兴通讯、海尔、美的、TCL。广药和加多宝当然也在上面的名单中。加多宝的执行力、营销战术策划等可以说非常优秀,但是其战略规划能力,到现在也并没有展示出很强大的一面。

广药和加多宝本来各自肩负着更大的使命。广药手中有众多的百年老字号品牌,很有机会让中国的传统中医药文化发扬光大,走向全球;加多宝也有能力让凉茶走出国门,畅销全球。

但是现在，因为凉茶业的内战，这些近在咫尺的理想，似乎离国人越来越远。

如果广药与加多宝的相关各方，能平心静气地坐到一起，协商出一条和谐共赢、互利发展之路，实乃企业之利，行业之福，国家之幸。

纸盒凉茶，百亿蓝海

纸盒对加多宝和广药来说，可能涉及的是眼前数十亿甚至未来上百亿的蓝海市场，以及整个营销战的转折点。

但是，简单正确的战略，往往容易被人忽略，"不识庐山真面目，只因身在此山中"。

也许大多数人对凉茶的纸盒没什么印象，因为红罐凉茶太成功了。实际上，瓶装和纸盒凉茶都是接近百亿的蓝海市场。

在瓶装凉茶市场上，和其正以及众多的区域性中小品牌，有性价比的优势，而王老吉和加多宝考虑到红罐的销量，短期内不可能把瓶装的价格降下来，去跟和其正等打价格战，所以瓶装的销量不会太大。

但是目前纸盒凉茶市场上，只有王老吉的绿盒一家独大，晨光、深晖、惠尔康等盘踞在中低端市场，价格跟绿盒王老吉是错位竞争，其品牌力也暂时对绿盒王老吉构不成威胁。

从广药过往的年报以及市场调研分析，纸盒王老吉大概有20个亿左右的销量，这还是因为广药把很多精力都用在大健康产业，延伸做龟苓膏、莲子绿豆爽、固元粥等新产品去了，否则纸盒的销量还会大幅提高。

从年报分析，广药的大健康产业的众多项目，几乎没什么赚钱的。因为按照10％的利润率，绿盒王老吉至少每年都有2个亿的纯利润，药品部分也会有稳定的盈利,而广药一年才盈利 4 个亿,那可以推断出其他延伸产品都是亏损多,盈利少。

《孙子兵法·虚实篇》中提到:"攻其所必救也。"绿盒正是广药王老吉的一个必救的战略关键点。一旦加多宝推出自有品牌的纸盒,或者收购一个二线凉茶品牌,与纸盒王老吉打价格战、拼渠道、比执行,绿盒王老吉会由于销售执行力、营销策划力等不如加多宝,很快就会陷于被动。就算绿盒的销量不下滑,营销费用也会大幅度上升。

而一旦其他多元化产品不能贡献足够的盈利,前景堪忧,股价堪忧。

反过来,如果广药善于利用绿盒王老吉作为进攻武器,由于目前加多宝还没有大力度推广纸盒凉茶,那么短期内难以组织起大规模的有效反击,也只能眼睁睁地看着绿盒不断攻城略地,广药在股市中又多了一个利好的消息,股价又有了更高的想象空间。

营销战,充满了哲学的辩证思维;营销的战场上,战况瞬息万变。

媒体今天也许还在报道加多宝的好消息,明日可能就在传播广药王老吉的利好了,一时的成败得失,并不重要。

我更关心的是,王老吉也好,加多宝也好,10 年后、30 年后、100 年后,还有现在这样的品牌知名度和美誉度吗?

广药和加多宝能够实现从优秀到卓越,能够基业长青吗?

营销人很喜欢说一句话:商场如战场。

可是,就对战争案例和营销案例的研究对比来看,人们对战争案例的研究更为客观和严谨,而对营销案例的研究则相对要主观和随意许多。

其中的原因也很简单。战争案例的研究,后来者往往可以获取很多详实的第一手战争记录。但想要研究营销案例,获取第一手资料的难度是非常大的。有多少研究者能获取可口可乐、娃哈哈、加多宝等公司内部的营销方案,并参与营销决策呢?

营销理论错了,最多是损失金钱和时间;作战理论错了,代价则是千千万万无辜的生命。因此,战争研究者对战争案例的研究,比营销爱好者对营销案例的研究,要认真和负责很多倍,对很多作战细节也都不放过。即使是在成百上千年之后评价某个战役,研究者也都能设身处地地从当事人的角度来出发。

对此,营销行业的研究者们实在应该深刻反思。

特别是最近这 10 多年来,国内营销界渐渐形成一种风气,用某个单一的营销理论,去论证一个营销案例的系统性成败。而且这些评价者本身,很多并不真正了解某个行业、某个产品,也没真正研究透某个营销理论,甚至缺乏营销的系统知识和实战经验。某些所谓的营销理论专家,常常采用囫囵吞枣式的点评,有些还带上了教条主义色彩。

研究战争案例和古今中外的战争史,常常可以从中得出一些对营销战有启发的理论原则和营销作战形式。本书中营销作战的指导原则,也大多都是从一些经典战例中得到启发而来的,直至今日,战争案例仍值得大家深刻研究,并吸收其中的战略思想而用于营销作战。

在《基业长青》的作者、世界级管理大师吉姆·柯林斯的新书《选择卓越》中有一章《先发射子弹,后发射炮弹》,其中所谈到的观点跟我们所提倡的营销游击战思想如出一辙。

虽然我们跟柯林斯是从不同的角度、不同的国家、不同的行业来开展研究的,但却所见略同。子弹相当于游击战,炮弹相当于阵地战。柯林斯总结出了几个关键结论,因篇幅有限,我们只摘录部分,有兴趣的读者可以阅读其原书。

第一,相比于大的飞跃式创新和预测天赋,"先发射子弹,后发射炮弹"(可以理解为先打游击战,后打阵地战)的方法可以更好地解释卓越公司的成功。

第二,一颗"子弹"是一个低成本的、低风险的、低误差的测试或试验。卓越公司利用子弹,以实验的方式确定什么是真正可行的。基于实验的结果,他们会将资源集中起来,然后发射一枚炮弹,确保获得大的回报。这也就是积小胜为大胜,先通过游击战积累作战经验,然后通过运动战、阵地战等正规战获得更大胜利。

第三,炮弹分为两种类型:校准炮弹和未校对炮弹。校对炮弹就是已经得到实验证明的,是很有可能成功的大赌注。发射未校准的炮弹意味着公司在没有实验证明的情况下,投注了一个失败概率较大的重注。这与本书中"没有准备和把握,尽量避免打阵地战"的观点不谋而合。

在本书的创作过程中,首先要感谢原加多宝凉茶元老、多宝营销咨询公司首席顾问曲宗恺,《糖烟酒周刊》的宋正觥、高振林,以及《糖烟酒周刊》杂志社的大力支持。正是他们的努力不懈,挖掘出了关于加多宝的大量宝贵资料。

也许在若干年后,我们回过头看,这些文字将会显得更弥足珍贵,因为这对于中国饮料界乃至整个中国营销界,都有极其独特的、不可磨灭的价值。

百年之后,我们都化作尘土,但是这些文字,却可以青史永留。

也感谢在本书写作过程给予帮助的众多企业、个人,为了避免挂一漏万,这里就不再累述具体的名称和名字了。

也把此书献给我的母校——成都理工大学,以及众多恩师。当年,我毕业时的心愿,是希望自己能为母校的市场营销专业增添些微的荣耀,让师弟师妹们能更加喜欢市场营销这门学科,让他们能更有信心地从事市场营销的相关工作。

最后,此书也献给我的祖父和父亲、外公和外婆,希望他们在另一个世界,可以平静地活在当下,远离尘世的喧嚣。

图书在版编目（CIP）数据

"上火"的凉茶：解密加多宝和王老吉的营销之战
／陈玮著 . —杭州：浙江大学出版社，2013.9
ISBN 978-7-308-12150-7

Ⅰ.①上… Ⅱ.①陈… Ⅲ.①饮料－食品工业－工业
企业管理－品牌营销－广州市 Ⅳ.①F426.82

中国版本图书馆 CIP 数据核字（2013）第 200762 号

"上火"的凉茶：解密加多宝和王老吉的营销之战
陈　玮　著

策　　划	蓝狮子财经出版中心	
责任编辑	曲　静	
出版发行	浙江大学出版社	
	（杭州市天目山路 148 号　邮政编码 310007）	
	（网址：http://www.zjupress.com）	
排　　版	杭州中大图文设计有限公司	
印　　刷	浙江印刷集团有限公司	
开　　本	710mm×1000mm　1/16	
印　　张	14	
字　　数	168 千	
版 印 次	2013 年 9 月第 1 版　2013 年 9 月第 1 次印刷	
书　　号	ISBN 978-7-308-12150-7	
定　　价	32.00 元